Boris Velkov

DAS VOLKSSTÜCK
(Multilingual Edition)

DAS VOLKSSTÜCK
(Narodni komad)……………....... 3

THE GOD PLAY
(The Peoples' Piece)……………...... 81

DER HERRGOTT SPIELT
(Das Volksstück)……………….... 161

Original piece in BCS by Boris Velkov plus English and German translations by Željko V. Mitić and Miriam Mačak respectively.

Professional Inquiries: velkov.drame@gmail.com

The Author's Edition. All rights reserved.

Published in 2024 on www.amazon.com.

DAS VOLKSSTÜCK*
(*Narodni komad)

jeste dramsko delo sastavljeno od drame

MIŠOLOVKA

(ČETIRI I PO ČINA BORBE PROTIV LAŽI, GLUPOSTI I KUKAVIČLUKA)

i kabaretskog programa

SVI VOLE DA BOMBARDUJU, A NIKO DA BUDE BOMBARDOVAN

Autor: Boris Velkov

Das Volksstück (Narodni komad) *u potpunosti je autorsko delo Borisa Velkova© nastalo 2015. i objavljeno 2023. godine na www.amazon.com.*

Mišolovka (Četiri i po čina borbe protiv laži, gluposti i kukavičluka) *u potpunosti je autorsko delo Borisa Velkova© nastalo 2004. i objavljeno 2006, 2009. i 2011. godine u prethodnim izdanjima, a 2023. godine u knjizi pod nazivom* ***Das Volksstück (Narodni komad)*** *na www.amazon.com.*

Svi vole da bombarduju, a niko da bude bombardovan *u potpunosti je autorsko delo Borisa Velkova© 2015. i objavljeno 2023. godine na www.amazon.com.*

Zvanični logo dramskog dela ***Das Volksstück (Narodni komad)*** *u potpunosti je autorsko delo Borisa Velkova© nastalo 2023. i objavljeno 2023. godine na www.amazon.com:*

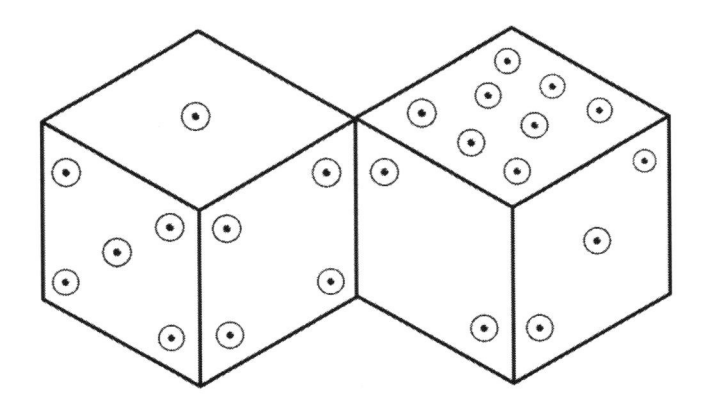

MIŠOLOVKA

(ČETIRI I PO ČINA BORBE PROTIV LAŽI, GLUPOSTI I KUKAVIČLUKA)

L I C A:
BOG
– Reč, Ljubav, Svetlost ili, najčešće, Kako Vam Drago.
MEFISTOFEL
– Neko ko nas zaista ne voli.
SVETI PETAR
– Apostol, večno star, o kome se, uglavnom, malo zna.
HERUVIM
– Tetramorf bez mogućnosti napredovanja u poslu.
HEKUBA
– Kraljica, zar ne, trojanska?
ADOLF
– Taj momak ne podnosi duvan i alkohol.
MARLBORO
– Čovek koji je proslavio dva brenda duvana, premda je radije slavio alkoholna pića.
RUDOLF
– Jedan od retkih koji će nadživeti komad.
HERMAN
– „Ne boj se debelih. "...
ERNST
– ... rekao je Šekspir i preživeo vekove.
JOZEF
– Spodoba, ali familijarna spodoba.
DOLFUS
– Retko dopadljiv diktator.
VINDZOR
– Ni taj, izgleda, nije mario za duvan. Štaviše...
LUDENDORF
– Jedan od onih ljudi kojima se pred kraj života ukaže prilika.

HINDENBURG
– Jedan od onih ljudi kojima se pred kraj života ukaže druga prilika, iako su prvom uništili i više nego što su zaista namerili.
HAJNRIH
– Debil.
VOJNIK
– Jedan od onih glumaca koje publika voli gole do pojasa.
DOKTOR
– Vrhunski stručnjak. Dakle, krajnje bespotreban.

DOGAĐA SE NA NEBU KAO I NA ZEMLJI, U JEDNOM ILI 4,383 DANA.

*napomena reditelju: jedan glumac može tumačiti do 5 različitih uloga, kako bismo optimalno uposlili najveće ansamble naših najcenjenijih pozorišta; a čitav 5. čin je izbačen, čime je tekst drame sasvim redukovan na ono najpotrebnije; čime se dobija sveti broj 10.

KABARE „SVI VOLE DA BOMBARDUJU, A NIKO DA BUDE BOMBARDOVAN"

Kvintet "Bučna Špreja" izvodi
vokalno-instrumentalne songove
koji služe za potrebe "efekta otuđenja" u predstavi.

KVINTET "BUČNA ŠPREJA" čine:
LIPSK – *harmonika*
TREŠTEN – *kontrabas*
ČOČO BANGO – *violina*
KOCEBUZ i BUDIŠIN – *majstori pevači*

Kvintet izvodi Songove 01-06.

PROLOG

TAVERNA U ELIZEJU
/ŠEKSPIR. GETE. IBZEN. PREVER./

ŽAK:
Izvesni Blez Paskal
itd...itd...
JOHAN:
Oponašanje istine ne odgovara istini.
HENRIK:
Mi danas ne živimo u doba Šekspira.
VILIJAM:
Meni, umornome, smrt je odmor pravi
od zasluga, koje moraju da prose,
i ništavnosti, koja trijumf slavi,
i vere, koju na raspeću nose,
i časti, prevarom stečene teškom,
i ženske igre, krunisane brukom,
i savršenstva, osporenog greškom,
i moći, vođene nemoćnom rukom,
i suštine, koja jeste grumen grobni,
i umetnosti, vlašću ućutkane,
i veštine, koju uče nesposobni,
i dobra, kojim bolest i zlo hrane.
Svet to zna dobro; a dobro ne zna niko
zašto je pakao u raju ponik'o.

SONG 01.
NATPIS: SONG "MAJMUN I MAGARAC"

Mesec dana Majmun mozga punom parom:
u čemu je on to od drugih bolji,
pošto nije ni pametan ni lep?
I zaključi tako, po receptu starom
(što mu je posebno bilo po volji),
da od svih ima najduži rep!
I Majmun, dok poskakuje od sreće,
svim životinjama leđa okreće,
dajući tako na znanje svima
da niko nema to što on ima.
Majmunu svi čestitaju odreda:
Lisica, Meda, Zeka i Soko...
Primetivši Magarca da zbunjeno gleda,
Majmun svoj rep opet diže visoko.
Magarac krupne iskolači oči,
i lice mu pobeli k'o platno.
„Hajde, Magarče, pohvalu sroči!
Nemoj da stojiš tu kao stena.
šta je na meni vrlo unikatno?"
– Majmunska tvoja guzica crvena! –
Postiđen jako zbog glasnog smeha
koji se čuo među ostalima,
Majmun tiho reče da ga žena čeka
i da kod kuće neka posla ima.
Kao životinje, i čovek treba
da uskladi svoj ton i sliku.
Jer, nasmejaćemo i ljude glupe,
ako nosiće dignemo do neba,
i ne shvatimo da nisu za diku
ni ponos ni crveno nečije dupe.
To što je nama po prirodi dato,
sa time treba da živimo, eto.
Na jednoj strani dobijamo zato
da bi nam na drugoj bilo oduzeto.

PRVI ČIN

EDEN
/BOG. SVETI PETAR./

BOG:
Avaj meni jadnom!
Vaj, živote crni!
SVETI PETAR:
Kaži kakva muka, o, Tvorče
presvetli, Tebe tako mori?
BOG:
Ah, upropašćen sam! Uskoro
će drugi ponedeljak biti...
SVETI PETAR:
Zar pored svih stvari koje
stvorio si?
BOG:
Da, moj Apostole.
SVETI PETAR:
Zar uzalud svih šest dana
teškog rada?
BOG:
Ćuti, Petre, ćuti!
SVETI PETAR:
Dobro, zaćutaću, samo kaži
jedno.
BOG:
Šta to, čedo moje?
SVETI PETAR:
Šta se tako strašno desilo da
moraš prekidati nedelju zbog
toga?
BOG:
Vaj, sad sve što stvorih
naopako biva: Onog kome rekoh
da decu veseli, Vrag ubedi

da nacrta miša, tu poganu
vrstu. Živ li je u paklu?
SVETI PETAR:
Telom hladan, vatren je
iznutra. Da li je on razlog?
BOG:
Kamo sreće; gore!
SVETI PETAR:
Da nije zbog onog, što, iz pokajanja,
zavešta svoju imovinu celu
onima koji dobrom je zasluže?
BOG:
I taj beše sluđen Nečastivim; sada,
ko god je dobije u pakao pada.
SVETI PETAR:
Opet Mefistofel!
BOG:
Zato poslah Heruvima da mu kaže
hitno do mene da dođe.
SVETI PETAR:
Uništi ga jednom, Jedini, jer vidiš
da postao si nesrećan zbog njega.
BOG:
Ne, ne, Apostole, on mora živ biti.
On na nebesima tvori ravnotežu.
SVETI PETAR:
I bez ravnoteže, jedan Bog si Ti.
BOG:
Kako, vaj, upadoh u sopstvenu
mrežu!
/Ulazi HERUVIM./
HERUVIM:
O, Tvorče Zemlje, svih planeta oko nje,
i šire, i zvezda sjajnih, sveta što ubire
plodove Tvog vrlog izumiteljstva...
BOG:
Dobro, dobro, robe. Govori,
što nije Mefistofel ovde?

HERUVIM:
O, Bože, došao bi, kaže, odmah,
al' ne može. Sada, kaže dalje,
mora da razvrsta šesn'est onih
što se krste s četri prsta.
BOG:
Slobodan si sada.
/HERUVIM izlazi./
BOG:
Da ne gledaš kako Gospodin tvoj
strada!
SVETI PETAR:
Pa zar nije tako od sveta i veka?
Njegov tas na Tvojoj vagi za čoveka
zar nije uvek u ponoru bio?
A glava onog što je Tebi mio,
zar nije do Tvojih kolena stizala?
BOG:
Za tu ti mršavu utehu hvala.
SVETI PETAR:
Da „bacimo oko" na ljude sa Zemlje?
BOG:
Vaj, na propast moju!
SVETI PETAR:
Samo da vidimo svinjariju koju
odurnu sad čine! Nije li nam
vreme, i noću i danju, prolazilo
brzo u slatkom gnušanju? Samo
malo, da me želja mine?
BOG:
Više i ne vidim lik
svoj, nego pad.
SVETI PETAR:
Vidi ih! Ma šta su sad, da mi je
da znam, šta su samo naumili?
BOG:
Eto, sad su živi; živi su i bili!

SVETI PETAR:
Znači, ozbiljno je. Ne uživaš više
u glupostima kojim čovek diše:
u pušenju, u alkoholu, drogama,
striptizu; ne gnušaš se više
ni kada mrs kakav ugledaš na stolu,
ni kada mu je proždrljivac blizu;
ni kada preljubnik neutešenu
napusti osobu ljubavi žednu.
BOG:
Priznaću: opkladu ne dobih nijednu,
a postao sam opkladama sklon.
SVETI PETAR:
S kim se kladiš? Ko je...
BOG:
Mefistofel.
SVETI PETAR:
On!?
/Ulazi MEFISTOFEL./
MEFISTOFEL:
Zdravo, Stari; svima!
Kašnjenje pripiši onim neljudima.
Opirući se, oduzeše mi vreme.
Navodno, ne znaju zašto su kod mene.
No, pređimo na vedrije teme.
Igramo novu, ili zbiramo poene?
SVETI PETAR:
Znaš li kome se obraćaš, stvore!?
MEFISTOFEL:
Znam. Sada: nekom ko mi nije ravan.
Smiri se, idi i zaključaj tavan.
Za čoveka nije ovaj prizor.
BOG:
Poslušaj ga, Petre.
SVETI PETAR:
Odlazim, o, Sveti, na
zapovest tvoju.
/SVETI PETAR izlazi./

MEFISTOFEL:
Kakav kreten! Čovek!
Kažem, on je samo čovek!
BOG:
Imam jedan predlog.
MEFISTOFEL:
Ne! Razmer je pedeset
naspram jedan. Još par
miliona i renoviramo:
Ti dole, ja gore! Dogovor
je takav. Još par miliona,
po mom proračunu... a znaš
da ja nikad ne grešim
k'o čovek...
BOG:
Slušaj me, budalo!
MEFISTOFEL:
Jezik nemam; imam samo
ove uši.
BOG:
Da pakao bude na nebu – u redu;
raj ovaj u zemlji – biće, kome treba;
vatra u ledu, ili noć u danu,
moja je volja, iz zemlje, sa neba.
MEFISTOFEL:
Istina! Smiluj se, Veliki Vodo.
BOG:
Ako te ne bude, onda neće biti
ni opklada koje, sudbine žedan
kao ljudi što su, počinih sa tobom.
MEFISTOFEL:
Ovo je kraj! Sažali se, Tvorče,
nad grešnim svojim robom.
BOG:
Ali još jedno, Sotono, znaj:
smrt tvoja znači i smrt ljudske rase,
stvaranje novo Zemlje i Neba,
nebeske kaste, zemaljske klase...

Ta smrt će teško da mi padne.
MEFISTOFEL:
Ljudi su tebi, zar ne, omiljeni?
BOG:
Ne toliko kao izbor ljudi.
Niti se oni obraćaju meni,
niti su čuli krik iz mojih grudi.
Slovo ne uspe da opismeni,
pa eto, sada ti im Bog budi.
MEFISTOFEL:
A ti ćeš onda meni Mefistofel?
BOG:
Takav kraj neću dočekati.
MEFISTOFEL:
A ko će moćan biti da ti ime
Svemogućeg Tvorca oduzme?
Ja nisam.
BOG:
Ko život daje, taj ga i uzima.
MEFISTOFEL:
Gde je, na kom mestu,
Tvorac hteo da se šali?
BOG:
Baš nigde, robe.
MEFISTOFEL:
Olako zar meni, omrzlome,
tron svoj spasiteljski nudiš?
BOG:
I dok te mrze, oni te vole;
a Ljubav Božja je omražena.
Kada je tako, nek mrze kog vole.
MEFISTOFEL:
Prihvatam ovaj bratski predlog tvoj.
Al' ne, „ja ti dobar..." neću
proškripati kroz svoje zube.
Te kreature koje me ljube,
zar neće, mrtve, smenjene biti
poklonicima Suprotstavljenog

novome bogu – meni, može biti?
BOG:
Moguće, ako pogrešiš k'o ja.
Neka su svesni, upamti dok stvaraš,
da samo duhom nalik su tebi,
a ne obrnuto – da su telom isti.
MEFISTOFEL:
Na takav ugovor stavljam pečat svoj.
Međutim, nešto, a tu me i čekaš,
moram dodati nagodbi toj.
BOG:
Ja uši nemam, ali te slušam.
MEFISTOFEL:
Postoji jedan sasvim mali detalj,
koji ti, Najbelji, želiš da previdiš.
BOG:
Pa pričaj sada, kada ćeš, rugobo?
MEFISTOFEL:
Moć Boga ne može biti tako podarena.
BOG:
Je l'?
MEFISTOFEL:
Nije tako?
BOG:
Ne znam.
MEFISTOFEL:
Bar ja tako mislim.
Da se osiguram, želim
da pobedim u poštenoj igri.
BOG:
Da l' znaš i to? Bog
onda budi ovoga trena.
MEFISTOFEL:
Ni samo sena, o, moćni Bože,
od tebe ne bih bio da se ovog
svetog časa ugasiš od sebe.
Al', eto prilike, pa, ako si
pošten, pošteno sudi o ovoj ponudi.

BOG:
Govori, slugo.
MEFISTOFEL:
Eto, u poraz sad, tvojom rečju,
siguran sam tvoj; pa ti,
o, Veliki, spokoj svoj nađi
u rečima ovim dostojnim Zlolika:
Naći ćemo nekog čoveka na Zemlji,
koji će vladanjem dobrim ili lošim
pobedu doneti tebi ili meni.
U igri ovoj do sad si uvek
poražen bio. Zato kreaturu
ti odaberi.
BOG:
Pristajem. Sad idi.
MEFISTOFEL:
Eto, hvaljen bio (kao što je, kažem,
Isus bio hvaljen), bio bi red tebe,
k'o što narod kaže, „đavo da odnese".
„Zbogom ostaj" reći ću na kraju.
/MEFISTOFEL izlazi./
BOG:
O, kako je mučno kraj gledati raju!
Crnji od crnog đavola bih bio
kad bih mudar potez od sebe sakrio.
Ali - šta!? Šta – „ali"!?
/Ulazi SVETI PETAR./
BOG:
Ne vredi, Petre, da me hrabriš
obmanama.
SVETI PETAR:
Svedok sam Tvom jadu,
ne porazu nama.
BOG:
On nijednom ne bi zavistan, gnevan,
lakom ili gord. I kao kap što
preliva čašu, smeran i uzdržljiv,
milosrdan čak prema gospodaru.

O, kako je teško svesno biti bog,
kad se prima poklon od najgoreg svog!
SVETI PETAR:
Veliki Ti si, Svemoćan, Najbelji,
al' okružen si svud belilom svojim;
a, mudar, znaš da možeš mojoj želji
silu napadača dati mačem svojim.
Zavisti, što Te odasvud nagriza,
Ti postao si ravnodušan, naklon,
i, pun dobrote, ostavio iza
svog moćnog Svetla naš jedini zaklon:
uvek ispred sebe i visoko gleda
onaj koga krasi brutalna silina,
a potcenjen u svaku ruku čeka
udarce nove svoga tiranina.
BOG:
Dobro, sada pređi sa fraza
na reči.
SVETI PETAR:
„Naći ćemo nekog čoveka na Zemlji
koji će vladanjem dobrim ili lošim
pobedu doneti Tebi ili meni."
BOG:
To meni zvuči previše poznato.
SVETI PETAR:
Ja sam star čovek, i ponavljam zato
reči koje slušah od Tebe daleko.
BOG:
Dobro si Zlo čuo.
SVETI PETAR:
Ti znaš ko je „neko"!
BOG:
Bio je u pravu; ti si čovek samo
(ko zna šta ti sada prolazi kroz
vene)!
SVETI PETAR:
Besporočan sam kao on, a Ti si,
dok sam bio tamo, vrlo mudro,

17

živo mislio kroz mene.
BOG:
Upućen si, Petre, u sve moje tajne.
Ovu, dakle, kriješ od samoga sebe.
SVETI PETAR:
Pravedan je on kao retki stari.
BOG:
Je li doktor?
SVETI PETAR:
Nije. Nišči je. U stvari,
zbog otpora poniževanjima strada.
I, kao ja sada, veruje da je
još mnogo grešnije trpeti
nepravdu nego činiti je.
BOG:
Da li je u stanju meni da da moje,
a da se odupre delima satanskim?
SVETI PETAR:
Kažem Ti, on je sve najbolje Tvoje,
a pokoran je vojvodama carskim!
BOG:
Dakle, odabran je.
SVETI PETAR:
I razgnevljen je na Narod Odabrani
skoro onoliko koliko i Ti.
BOG:
Ali sa tom razlikom što on nije Bog.
Istom će cenom za svoje da plati
po kojoj kupi od Jevreja kog.
MRAK.

MEZOSFERA
/MEFISTOFEL. HERUVIM./

MEFISTOFEL:
Hoće li već jednom da nam se ukaže prikaza?

HERUVIM:
Eto, a ja moram da budem strpljiv
i da trpim stalno, jer posao
moj nije stvoren za nervozne;
a nisam Serafim, pa ne gledam nežne,
već pravedne ljude, sirove i grozne!
Ko mora uvek da se zatekne na Zemlji
ili gde god bilo gde ima i ljudi;
i to upravo na mestu u vreme
koje Gospod Tvorac Jedini presudi?
Ti imaš slobodu, ja imam okove.
MEFISTOFEL:
I sposobnost onih što stvaraju snove.
HERUVIM:
Čovek snuje, a Bog odlučuje,
ali bez briga ja bih rado bio
k'o debeli dečak, veseo i mio.
Evo, hvala Bogu, našeg
odredišta! Vidi Odabranog.
MEFISTOFEL:
Ja ne vidim ništa.
HERUVIM:
Dole, gde leže oni odrpanci.
MEFISTOFEL:
Koji tačno?
HERUVIM:
Desno, drugi spreda. Taj što
spava pored onog što piše
i uvis gleda. Ali, šta ti je?
Pusti me, Sotono!
MEFISTOFEL:
Ah, video nas je! I na zemlju pao
u teškom ropcu videvši nas.
HERUVIM:
Dakle, od sada, taj će čovek biti
srećan i nesrećan u isti čas!
Gospode, pomozi!
/HERUVIM odleti. MEFISTOFEL pali buktinju./

MEFISTOFEL:
Za to ću vreme, dah jedan tek što je,
časno izvršiti svako delo koje
na meni jeste. A sada je moje
buktinjom ovom da raspalim snove
odabranog stvora. I, kada se mora,
iako požar rasplamsaću sam,
na prave krivce da ukažem znam!
MRAK.

PUTNIČKI AVION
/VINDZOR. MARLBORO./

MARLBORO:
O, Bože! Hale!
VINDZOR se prene.
VINDZOR:
Šta je!? Šta je? Šta je!?
Gde gori, Džeče?

MARLBORO:
Svuda: čas na zemlji – čas na nebu!
VINDZOR:
Ozbiljno!? A šta?
MARLBORO:
Usplamteli lik!
Prvo se komešao na nebu
sa mlečno-belim obrisom jednim.
Zatim se beli vinuo u nebo,
a ovaj crveni oganj na tlo!
VINDZOR:
Nevreme? Sada? Kristalna je noć.
MARLBORO:
Ne, nije nevreme, jer taj oganj meni,
kada se opet vinuo ovamo,
bio je na ovolikoj razdaljini!

VINDZOR:
O, Bože! Zar nenajavljeni
prelazimo vazdušnu granicu?
MARLBORO:
Ne, to je bio užareni lik!
Kao da sam đavo iskušava nas.
VINDZOR:
Džeče, šta se tačno dogodilo?
MARLBORO:
Rekao mi je taj odvratni glas
da, ako izvršim nekakvo ubistvo,
u nekoj pećini potražim spas.
VINDZOR:
Slušaj me, Džeče: čovek svašta sanja;
i u tim snovima nama najčešće
sotona sama daje obećanja.
MARLBORO:
Ali, moje oči! Kako moj razum
može da preskoči tu
materiju i da se zanosi?
VINDZOR:
Znači, video si?
MARLBORO:
To ti sve vreme, kao lud, ponavljam!
Ja sam realista, preko oka primam
svaku vest o svakom porazu, pobedi.
VINDZOR:
Sačekaj, Džeče; i ja oči imam.
Reći ću ti nešto. Verujem da vredi.
Nedavno sam bio u državnoj poseti
zemlji iz koje je rodom tvoja majka.
Sam je slučaj hteo, pa sam se u Solt
Lejk Sitiju obreo, jer u toj državi
nije bilo štrajka, i primetio sam
da narod tamo drži do morala...
MARLBORO:
Pa naravna stvar.

VINDZOR:
Ja, budući car, po njihovom sam glupom običaju sišao u narod. I pričali smo, mada se nismo dobro razumeli: meni je bilo dosadno da slušam, a oni su, valjda, neku pomoć hteli, i tako dalje... Uglavnom, prišla mi je neka udovica, držeći za ruku dete ne starije od dvanaest godina, i pričala o odlasku svog muža, i da nije sa njim imala sina, i kako je tada izgubila brata... a ono dete bulji u mene, pa reče ženi – Vidi, mama – Tata! – A žena niti da se prene! Uzvrati tiho, pre nego što će opet ka meni da se okrene – Triš, to nije lepo. – (Patriša se zvala). Šta ti to govori?
MARLBORO:
Lagala je mala! Samo kada bi ti to sve lepo da objasniš hteo.
VINDZOR:
Nisam verovao – ali sam video!
MARLBORO:
Sebe kao oca? I poenta to je?
VINDZOR:
Ne, glupane, ne. Razlike u odgoju postoje: narodima nekim lakše je da lažu, nego da prostu istinu nam kažu! A istina je: Strah te je Nemaca, više od Francuza, Rusa i crnaca. Ali ne brini se, Džeče, ja te volim. Zato ću svaki posao novi umesto tebe da ugovorim. Neka tvoja majka bude ponosna na sina: nemoj više

da me budiš, do Berlina!
MARLBORO:
/tiho/
A ja sam uvek želeo da lečim,
ako primetim da neku bolest imam,
iako doktor, prevaren nečim, jasno
mi kaže – Vi ste zdrav! – a nisam.
MRAK.

KONGRESNA SALA
*/RUDOLF, izbezumljenog lica i neurotičnih pokreta,
ulazi obazrivo./*

RUDOLF:
O, dragi gosti, priđite bliže!
Gospodin Bizmark, ledi Astor, Krup; a Bek
i Gering, tek stigli iz lova,
brižno odstranjuju životinjske kosti;
monsieur Moras sa „Napoleonom",
zacelo starim čitav jedan vek;
Falkenhajn, Konrad fon Hecendorf; i dalje,
poslanstvo koje nam car začina šalje,
i, meni lično najdraži od svih,
gospodin Marlboro je jedan od njih!
Šta – od Vas na dar meni jedan
brod u flaši!? Hvala Vam; taj manir
imali su i svi dični preci Vaši.
/Ulazi DOLFUS./
RUDOLF:
Džez orkestar ceo!? Iz opere pravo!
/Ulaze VOJNIK i DOKTOR./
RUDOLF:
I Engelbert Dolfus! Kakav solo!
Bravo!
DOKTOR:
Skidaj ga odatle!
/VOJNIK savladava RUDOLFA./

DOKTOR:
Jedna umerena doza, da naš Rudi
spava.
RUDOLF:
Šta je to sada?
DOKTOR:
Specijalno mleko kravlje.
RUDOLF:
Ne, nikako! Sa Dolfusom
tek će da otpočne slavlje.
/RUDOLF zaspi./
DOLFUS:
U zemlji ludaka nije lud onaj
što se ludom pravi.
/Ulaze ADOLF i JOZEF./
ADOLF:
Ne preteruj sa tim! Jako mi je stalo,
rekoh li, da svest mu ne trpi ni malo.
DOKTOR:
Životom se kunem da ne trpi.
ADOLF:
Izlazi!
/DOKTOR i VOJNIK koji nosi RUDOLFA izlaze./
JOZEF:
Za šta gospodara svih duša sad moli
ovaj markgrof bedni, kljasti i oholi?
DOLFUS:
Da sam kljast i ohol k'o ti, opet ne bi'
pričao sa sobom kao s ravnim sebi.
ADOLF:
Mir nek među braćom bude.
DOLFUS:
To se, reklo bi se, odnosi na ljude.
ADOLF:
/Jozefu/
Ti ćeš onda bez reči izaći.
/tiho/
Al' se iz hodnika nikud nemoj maći.

A onda povedi Rudolfa sa sobom.
/JOZEF izlazi./
ADOLF:
Dva čoveka prava. Dva brata po krvi.
Ako sada, na jednom jeziku, dogovor
nađemo kom se svako nada, ja prvi
osvojiću Sunce, Uran, Jupiter i Mars.
DOLFUS:
/tiho/
Jer Saturnom vladaš.
/Adolfu/
Saslušaj me dobro, tiranine
Gota! Znam da onaj koji
na brzu brzinu, prevarom nekakvom,
ovlada tuđim, tuđe svojim smatra.
Ali time pravo na sve svoje nema.
Želiš Sunce, kažeš; al' ta večna vatra
uvek nove svoje zrake na nas spušta,
dok se stari hlade od Sunca daleko.
Nije tvoja majka bol trpela veći
od bola moje dok me je rađala,
nit' je tvoje Sunce od mog Sunca bliže.
Za zlo neko novo nećeš koristiti dečje
uspomene, dok razum nad razumnima vlada.
ADOLF:
Znači – nikada?
Zar nevinost besno na planete riče,
čije telesine tvoje Sunce mrače?
Razumom se razmećeš bez znanja
da dete od majke odvojeno –
plače! Ni ti, a ni bilo ko nalik
na tebe, sve razumne stvari gurnuv
u snop čvrsti, ne može da brani
da siroto žgepče pribijem uz sebe,
ma kroz vatru samu.
DOLFUS:
I pre pomisli ćeš goreti, to znaš.
Cezar Italijan, mađarski admiral...

ADOLF:
Admiral bez mora!
DOLFUS:
I ja, ako hoćeš, pecaroš dunavski,
kao biće jedno, glava i duša,
raščinićemo to orlovsko gnezdo,
koga se svaki pošten Nemac gnuša.
ADOLF:
Je li to sve?
DOLFUS:
Nije. Ugovor postoji, koji
sačinismo u slozi, nas troje;
na njemu potpis svakog od nas stoji,
još fali samo obeležje tvoje.
ADOLF:
Za šta to?
DOLFUS:
Za potvrdu nepovredivosti
granica naših, za mir i saradnju.
ADOLF:
A to je jedan ultimatum pravi!
Reci mi, Dolfuse, da li jaje preti
zmiji, dok ga ova celog guta? Ili
kada zmiju orao davi, da li ona tada
plače nad sudbinom jajeta jedenog?
DOLFUS:
Ti se meni rugaš?
ADOLF:
Nipošto, ja cenim nemačku gordost takvog
jednog duha. Predaj se bez borbe,
prijatelj mi budi. Italija, zmija,
zna kad i šta gubi, i kada će se
podvući pod kamen. Uštedi mi vreme,
razveseli mnoge sugrađane svoje,
jer znaj da čas kada biti Nemac
znači biti ljudsko biće, k'o oblak
će doći. Budi čovek danas, dok je nebo
vedro, samo to skromno od tebe zahtevam.

DOLFUS:
Ti od mene tražiš da ja budem čovek?
Da prijatelj tebi, brat možda da budem?
Ja nisam brat onom ko sopstvene zemlje
skupštinu zapali, ja prijatelj nikom
ne mogu da budem, ko svoju braću u logor
zatvara. A pošto jedan govorimo jezik,
utoliko ćeš me bolje razumeti.
ADOLF:
Odlazi, onda, u svoju jazbinu! Zagnjuri
glavu, i trpi nepravdu, dok ne progovoriš
neki drugi jezik! Na njemu onda slobodno
govori, i salutiraj velikom cezaru ovo
čime ti je inojezični varvarin, mrzeći
tebe i tvoju rasu, pretio dok si utabanom
stazom, kao beskičmenjak bežao u rupu!
/DOLFUS izlazi./
ADOLF:
Sa zgarišta ću skupštine državne, i ma ko
da je počinio to primitivno delo sabotaže, ja
sam mu večno zahvalan od srca, uzeti jedan
užareni kamen, i njime ću, tako mi Bog sveti
pomogao, do poslednje goniti izdajničku zmiju...
/Ulaze JOZEF, HERMAN, DOKTOR, VOJNIK i RUDOLF./
ADOLF:
... i sa oklopljenih deset ću prstiju
svakoj ponaosob isprižiti jezik, da
nikada više nigde se ne čuje reč
mržnje protiv dobročinitelja!
/ADOLF, iscrpljen, pada./
JOZEF:
Kakav kamen?
/Doktoru/
Brzo, pomozi mu!
/Doktor pruža pomoć ADOLFU./
HERMAN:
Da se ja vratim kad bude pri svesti?

JOZEF:
Ne, radoznalče, sad ostani tu!
/ADOLF dolazi sebi./
JOZEF:
Fireru, po vašem naređenju, doveo sam vam vašeg dobrog Hesa, i pogledajte ko je još tu! Herman, izgleda donosi vesti o onima koji razneše skupštinu.
HERMAN:
/Jozefu/
Platićeš mi, grbava kamilo.
ADOLF:
Napolje! Svi napolje!
/Ostali krenu ka izlazu./
ADOLF:
/Rudolfu/
Ti ostani tu.
/JOZEF, HERMAN, DOKTOR i VOJNIK izlaze./
ADOLF:
Rudolfe, hajde da igramo fudbal! Šutiraj, hajde!
/RUDOLF zamahne nogom u prazno. ADOLF se baci u prazno./
RUDOLF:
Ti braniš još gore od našeg i francuskog golmana zajedno!
ADOLF:
Priznajem, loš sam. Koliko je?
RUDOLF:
Sedam prema nula, za mene!
ADOLF:
Čestitam! A možeš li da mi kažeš, Rudi, zašto primam toliko golova?
RUDOLF:
Zato što ne paziš.
ADOLF:
A na šta to ja treba da pazim,

da bih bio pobednik na kraju?
RUDOLF:
Lopta ide gore-dole. Zato deca fudbal vole,
Za pobedu boga mole, pa ostaju posle škole.
Ali ljudi žele drugo, pa vežbaju teško, dugo.
Onog koji ćuti, radi, snaga vodi ka nagradi.
Da bi strana bio jača, dobro plati tog igrača.
Takvi ljudi uvek vrede, tvoj tim vode do pobede.
Kada zlatni pehar sija, ne treba ti kavgadžija.
Ako ne moraš sa njim, treba da promeni tim.
MRAK.

SONG 02.
NATPIS: SONG "DEVOJKA IZ ZASPIJA"

Zašto je devojka iz Zaspija sama?

Objasni očima, objasni rukama,
O, objasni, objasni sad nama!

Kakve oči ima Zaspi-devojka?
- Ima dva oka, ima dva oka!

O kakve ruke, kakve ruke ima?
- Ima dve ruke, s med-dlanovima!

Zašto je sama? objasni grudima,
objasni ušima, objasni nam svima!

Kakve su grudi Zaspi-devojke?
- To je sklad jedan, to su dve dojke!

O, kakve uši ta devojka ima?
- Ima dva uha, sa biserima!

Kad takve uši, kad takve oči,
kad takve ruke i grudi ima

O zašto je, zašto, ta devojka sama?
i kuda ide par-koracima?

DRUGI ČIN

PEĆINA
/HEKUBA. MEFISTOFEL. BEŽIVOTNI HAJNRIH./

MEFISTOFEL:
Sav gorim kraj tebe i kraj tvojih
moći! Ti predivna, mila miljenice
noći, moja si, ja tvoj sam!
HEKUBA:
Ti, laskavče jedan, ne bi ovde bio
i udvarao se, tako mlad i mio,
da koristi kakve ne vidiš
u meni!
MEFISTOFEL:
Šta oko da doda takvoj jednoj ženi?
HEKUBA:
Al' ne zaluđuj me (telo mi
već ludo), već reci šta želiš?
MEFISTOFEL:
Jedno malo čudo.
HEKUBA:
Ah, zar opet!?
MEFISTOFEL:
Dođi; telo se već hladi.
HEKUBA:
Reci mi, šta želiš sa njim
da se radi?
MEFISTOFEL:
Bilo šta da bi postao heroj
nalik heroju iz tvoga doba!
HEKUBA:
Ne, zaklela sam se. To nikad!
Do groba!
MEFISTOFEL:
Sve što još vredi ima svoju cenu.

HEKUBA:
Ne gledaj ni u jednu drugu ženu.
MEFISTOFEL:
Šta mi je sa vidom? Postao sam
slep!!! Gde si, o, Hekubo!?
HEKUBA:
Oh, kako je lep!
MEFISTOFEL:
Ne vidim ništa, samo idem pravo!
HEKUBA:
O, prokletniče, ti si lep k'o đavo!
MEFISTOFEL:
Hekubice mila, opet kraljica ćeš biti.
HEKUBA:
Samo, moj dobri, ako kralj mi budeš ti.
MEFISTOFEL:
Hoću, ali vreme ne radi za mene.
HEKUBA:
Šta to lepše grle tvoje plave zene?
MEFISTOFEL:
Telo se raspada...
HEKUBA:
Dobro. Samo sada.
/levitira/

„Život jeste fer; od ljudi
fer je ko pošteno sudi."

Probaj sad!

MEFISTOFEL:
Ništa.

HEKUBA:

„Pošten sud je predat nama
da vlada nad zabludama.
Da istinu znaš bez laži

dobar razum tad pokaži."

A sad?

MEFISTOFEL:
Ništa! Ništa!
/Hekuba odlazi po knjigu./
HEKUBA:
O, stara sam, ili samo starim,
mada još uvek držim se dobro.
MEFISTOFEL:
Svake čini sada seti se, Hekubo,
Atina Palada da bi opet bila.
HEKUBA:
/levitira i čita/

,,Dobar razum se useli
tamo gde se dobro želi.
Dobre misli svi izmole
oni koji mnogo vole.
Voleti bi čovek mog'o
samo kad je voljen mnogo.
Voljeni su, piše meni,
samo ljudi bezazleni.
Nevinost je osnov sreće..."

MEFISTOFEL:
Živ je! Eon
udove pokreće!
MRAK.

TEMPELHOF, BERLIN
/LUDENDORF. VINDZOR. MARLBORO. VOJNIK./

LUDENDORF:
O, vrli moji neprijatelji!
Kako je slavno videti vas opet,

i to na divnoj zemlji domaćina!
Još mi je draže, to moram da
priznam, što putovaste nebom,
a ne vozom.
VINDZOR:
Hvala na vašoj nežnoj i utešnoj
reči dobrodošlice iskrene.
Moj mi je divni otac govorio
o toj toplini nemačkog naroda.
I zemlja vam je prostrana i plodna.
Ali, ne mogu se otrgnuti misli
da nemačko vaše prostrano nebo
ne pruža najlepše baš utočište
zapadnijim vašim susedima.
Odmor bi nama dobro došao.
LUDENDORF:
Za cenu koju dolazite meni
u posetu, odmor bi vama mogao
da se meri godinama. A vaš
je prijatelj, izgleda, nervozan?
Da ga nisam možda nekom nemačkom
rečju naljutio oštrom?
VINDZOR:
Pozdravi, Džeče, Feldmaršala!
MARLBORO:
Pozdravljam Tanenberg.
LUDENDORF:
Za Arhangelsk hvala.
Dobar stisak ruke! Boga mi,
prinče, ako vaš dželat ovako
steže ruke oko vrata osuđenika,
ovo je dobar posao za nas.
VINDZOR:
Najbolji je u celoj Imperiji.
Za istu cenu uslužiće vas.
/Ulazi DOLFUS./
LUDENDORF:
/Dolfusu/

Čemu takvo lice u radostan dan?
DOLFUS:
Eh, Ludendorfe, mrkli to je mrak!
LUDENDORF:
/Vindzoru i Marlborou/
Kancelar Dolfus nam govori to.
/Dolfusu/
Gospoda su Vindzor i Marlboro.
DOLFUS:
Onda tek jedan jedini zrak Sunca
dere pomračinu u kojoj smo svi.
VINDZOR:
/Marlborou/
Jednom da svetao budeš i ti.
DOLFUS:
Ne nameravam da se zadržavam.
Reći ću samo da se zgražavam
time što se u Nemačkoj događa.
LUDENDORF:
Ali, mi smo ovde da izgladimo stvar.
DOLFUS:
Koliko možete, i kako vam drago.
Sa svoje strane, učiniću ja
da za sve izlive prostaštva i besa
u Evropi sazna ko treba da zna.
/DOLFUS izlazi./
VINDZOR:
/Marlborou/
Kontinent, vidiš, Imperiju čuva.
LUDENDORF:
/viče za Dolfusom/
Ali, nemoj onda, kako vetar duva,
kada se stvari ovde sasvim srede,
i kad Mediteran bude „mare nostro",
da pozivaš se na bratstvo i slogu!
VINDZOR:
Nedeljivo delim sa vama mišljenje
o katastrofičnosti iredentizma.

LUDENDORF:
Ovo je ucena! Ovo je šizma
ravna onoj vašeg Vašingtona!
MARLBORO:
Koga ja, dakle, treba da ubijem?
LUDENDORF:
Molim!?
VINDZOR:
/Marlborou/
Glasnije, je l' vidiš da je stari
gluv?
MARLBORO:
Koga, Feldmaršale, skora čeka smrt!?
LUDENDORF:
Našeg kancelara, viteže sa Malte.
MARLBORO:
Kasno, jer dok ste vi, Feldmaršale,
pričali u besu, on upravo je
odleteo za Beč!
VINDZOR:
Ne njega, Džeče! Ti nimalo dara
nemaš za pregovor sa poslodavcem.
/Ludendorfu/
Adolfa, zar ne?
LUDENDORF:
Ne, opasno je pominjati javno
to austrijsko najmrskije ime!
VINDZOR:
Dobro, od sada tihi ćemo biti.
A zašto njega, ako smem da pitam,
ne „obradi" neki vaš, domaći dželat?
LUDENDORF:
Zar vam otac, vrli gospodine, nije
rekao da Nemac nikad jedan nije
usudio se da ubije vladara?
MARLBORO:
A zašto, Feldmaršale?

LUDENDORF:
Iz straha od strašnog prokletstva
koje sustiže sve Nemce sa Neba.
VINDZOR:
/Marlborou/
Ti si već proklet.
MARLBORO:
/Vindzoru/
Sada, Hale, znam.
VINDZOR:
Pa, Feldmaršale, ja prihvatam!
MRAK.

KONGRESNA SALA
/ADOLF. JOZEF. ERNST./

/Ulazi HERMAN./
HERMAN:
Svi su uhvaćeni!
ADOLF:
Odlično; a sada surovost
i ljutnju stavite u stranu.
JOZEF:
Fireru, ja tvrdim da bez
surovosti, svu surovost
svoju stavivši u stranu,
sama priroda je mene,
čistog Nemca, dovoljna
da takve životinje kazni.
ADOLF:
Nikako!
al' tvoju vrlinu ja cenim.
Sada treba mržnju usmeriti tamo
gde je zelenaštvo pomutilo razum,
i od politike, majke zaštitnika
presvetih načela nacije, države,
napravilo stalno ravnodušje, slabost,

prokletu i puku želju za kamatom,
učmalost, lenštinu, polemiku, svako
ništavno načelo jednakosti svakog;
tamo gde se misli da je naša volja
čelična greda, al' suviše tanka,
dok njihove su debele, od gume,
da tako, nakon što će nekom,
i nama i njima mrskom prolazniku
razmrskati glavu i, od čvrstine,
lupivši o beton pući na dve polovine,
njihove bi grede, još više debele,
udarati mogle po svemu i svakom,
bez zazora, straha od naše sudbine.
Zato pustićemo, uz buku i pompu,
te krvoloke da slobodno odu;
tek da zaplašimo gumenim mecima
one koji takve metke proizvode.
Ipak, da ne bi pomagali njima,
a takvim činom zarili još jače
nož u svoja nedra, predlažem,
i zato nalog dajem: ljude
naše krvi, Germane, nordijce,
umrljane ovim varvarskim zločinom,
ne pustiti niti malodušan biti
prema njima, već svom silinom,
i snažnije nego u drugoj prilici,
obrušiti se i kazniti za primer.
Samo se takvim delanjem može
zadovoljiti pravedna srdžba
vas i drugih Nemaca dičnih
koji su, s pravom, žedni osvete.
JOZEF:
Vaša genijalnost, moj dobri Fireru,
nadmašuje celu moju maštu,
i očekivanja koja su meni
samo proviđenja mogla nametnuti!
Vaš bog je jači od moga boga,
Vaš demon je triput rečitiji!

Vaša je slabost i alhemičaru
tajna, dok sva moja
dostupna ne bi bila slepom mišu.
ADOLF:
Još bi ti meni ponudio svoje
ministarsko mesto, za moje
skromno zvanje.
JOZEF:
To nisam nikako želeo da kažem.
Stvari su sasvim na svome mestu.
Devet sam puta danas ponosniji
na svoje poreklo, jer, nedvosmisleno,
Nemac će uskoro biti celom svetu
što Misiru beše Akhenaton!
HERMAN:
Sve mi se nešto, Fireru, čini –
sa dvadesetsedam ovakvih vojnika,
kada bi gazu odmotao sa njih,
i vukući je levo od Berlina,
mogao bi mašnu da priveže̋š,
doduše, sa jednim danom zakašnjenja,
oko arhitrava Brandenburškog tora!
ERNST:
U pravu si bio, Adolfe, kad reče
da „rajhsver" nije odgovarajuća reč.
Uzmi u službu dvojicu Gebelsa,
i, videćeš, sa „zombiverom"
osvojićeš svet pretnjom zarazama!
JOZEF:
Moj Fireru, suviše ste skloni
da zarad šale trpite budale.
Ali reći ću Vam, a jezik me,
Bogu hvala, ponajbolje služi,
da jednim jedinim našim Hermanom,
kada se, naravno, nauka naša
toliko bude razvila da može
napraviti jedan gigantski avion,
da takav tovar primi u sebe,

mogli biste oružanu silu
cele Rusije zbrisati sa zemlje.
Ali, ako ipak poslušate mene,
i, kao ja, odmah čvrsto zaželite
da u Rusiji ne cveta ni cveće,
da im se razlože i minerali,
onda otpremite i drugi avion,
jer jedan je, za takva dva tipa,
složićete se, nesrazmerno mali,
i granatirajte našim dobrim Ernstom
željenu tačku negde u Sibiru.
Tada biste i Vi bili srećni;
ja bih, opet, bio
duplo srećniji od Vas.
HERMAN:
Jozefe, ti uvek – dvaput, triput, deset...
Boga mi, Fireru, već zamišljam, evo,
dva prava tabora, dva kralja, pred bitku
podeljene Nemce – što tebi, što njemu.
Priznajem, stvarno teško bi mi bilo
da budem triput na tvojoj strani
protiv protivnika kao što je Gebels!
ADOLF:
Duhovito! ali ipak budi.
Jozefe, stvarno bolje bi ti bilo
da požuriš i saopštiš ovo
onoj budali od ministra pravde,
pre nego što te stvarno prepariram.
Pogledaj, Ernst je shvatio ozbiljno:
na ruke zaštitne rukavice stavlja,
a masku navlači na spaljenu glavu.
JOZEF:
Vi se pričuvajte tih oteklina.
Žalim što Vas samog ostavljam.
Živeo!
/JOZEF izlazi./
ADOLF:
Ernste, i ti možeš *sada*

da gledaš kako protiču pripreme
za jubilej naših slavnih jedirica.
ERNST:
Svakako, ali prethodno dve reči
sa tobom, Adi. Kako da počnem...
ADOLF:
Nemoj od početka. Stvari
koje znaš ti meni nisu strane.
Zar nismo mi još od prvog dana
bili dve nozdrve na istom nosu?
ERNST:
Utoliko bolje. Ti mene
poznaješ onoliko, cenim,
koliko ja tebe.
ADOLF:
Tačno!
ERNST:
Mi smo vojnici, ali ti si veći,
jer umeš da kažeš ono što zaželiš.
Meni je, opet, pesnica bila
nervni završetak toka mojih misli...
ADOLF:
To znam; nego šta!
ERNST:
Ja nikad nisam vežbao svoj govor
zbog gonjenja rulje.
ADOLF:
Zatvor je lek za to – Majka Mara!
ERNST:
I utoliko teže mi pada to
što mi stalno uskačeš u usta.
ADOLF:
Više nikada!
ERNST:
Dakle, da kažem ovako...
ADOLF:
Ti usta, ja uvo
na istoj glavi!

ERNST:
Pa, prestani! Molim,
hoćeš li prestati!?
ADOLF:
Budem li bio muva,
Hermane, slobodno me
šakom ošini po glavi.
ERNST:
Dakle, onaj Himler...
ADOLF:
Znam! Ti bi voleo da je
ovde sada. Vi biste onda
tri praseta bili, a ja bih bio
Veliki Zli Vuk!
HERMAN:
/Ernstu/
Zaobilazno, ali reci sve!
ERNST:
Evo, ja se smejem sada,
ali mi ozbiljnost stalno krade
vreme. Ne da mi da
spavam, progoni me svuda.
Da si samo znao kakva me je
muka navela da s tobom sada
razgovaram drugačije nego
kad smo se borili, kada
smo u inat nekoj crnoj sili
zbijali šale i pod pretnjom smrti,
koje se, opet ponavljam,
ne bojim.
ADOLF:
Pa šta te muči, dragi
prijatelju?
ERNST:
Jedna istina, meni
neshvatljiva. Kurt
mi je rekao, ovde, u
Berlinu, ali to, Adolfe,

moraš potvrditi.
ADOLF:
Otišao bih i na kraj
sveta da je izbunarim
ako je već ne znam.
ERNST:
Dobro, jer meni trebaće
jasan odgovor na nešto:
nije li do juče mesto
zamenika načelnika „tajne"
još bilo prazno?
ADOLF:
Hajnrih, dakle, tebi
zaokuplja misli? Istina
je, kao da zlu kob mu vidim.
ERNST:
Adolfe, ja sam mislio do sada
da si ti prvi među pravednima.
Ali, ako rešiš da ponovo vagaš,
videćeš kako prava opasnost
hrli u naručje svom dobrotvoru
i svome tvorcu, dakle, mili – tebi!
ADOLF:
Šta, da jedan loš sud sruši
desetogodišnji zajednički trud?
Zar da se seme razdora tajno
ušunja podlo u hrastovu šumu?
Oprosti, brate rođeni, oprosti.
Da sam znao da od silnog posla
čovek tako ružne greške pravi,
prepustio bih ga manjem
radeniku.
HERMAN:
Meni je, opet, Ernste, malo
čudno to što se zmija i jajeta
plaši.
ERNST:
Ja sam rekao šta mi je na duši.

Nek bude onako kako biti mora.
ADOLF:
Potreslo me je ovo saznanje.
Daću da ga zadave k'o Turci.
ERNST:
Ja najiskrenije nisam želeo
da se od toga prave skandali.
/ADOLF izlazi./
ERNST:
/viče za njim/
Ponavljam, neka bude svaki
tvoj korak na savesti tvojoj.
Hajl Hitler!
HERMAN:
Ernste, živeo ti meni!
ERNST:
Čemu, uostalom, služe prijatelji?
HERMAN:
Ti meni jesi prijatelj veran, ali
time što si danas pomogao meni
možda sebi kopaš veleizdajnički grob!
ERNST:
Kako to misliš – zbog pomoći tebi?
HERMAN:
Uklonivši meni snažnog protivnika,
ti u meni imaš večnog pomoćnika;
ali ono što sam imao prilike
kao zaprepašćen da čujem nedavno,
dok me ona spodoba, Gebels,
nije pred vratima videla da slušam,
ne obećava ni tebi ni meni
spokojnu, dugu službu kod Firera.
ERNST:
Ali zašto? Dobro – ti, al' – ja!?
Pa, on i ja smo stari prijatelji,
nerazdvojni uvek saborci u ratu.
HERMAN:
Tačno je, tačno, ali slušaj još.

Ja sam tada čuo još jedan razgovor
iza onih vrata.
ERNST:
Dobro. I, šta sad?
HERMAN:
Firer namerava, a ponadajmo se
da će se gnev njegov zaustaviti
upravo na onom psu, Hajnrihu,
koji, pomogavši mi da uhvatim grupu
vatropodmetača brzo i bez buke,
umirući će celu tu zaslugu kao
pero meni spustiti na ruke;
dakle, Firer želi sasvim da
odstrani svakog ko se i najmanje
boji i njegovoj se usprotivi volji!
ERNST:
O, nesrećniče, pa to sam bio ja!
HERMAN:
Ali, moj Ernste, ne zapadaj odmah
u histeriju izazvanu strahom.
ERNST:
Lako je tebi, Hermane, da pričaš,
pošto si do sada podmuklo ćutao!
HERMAN:
Pre nego što me nastaviš da vređaš,
seti se da to govoriš onome koji
do smrti od malopre dužnik verni
i pošteni tebi postao je.
ERNST:
Do smrti!?
Raduje li te, Judin naslediniče,
što ćeš dva dana samo biti dužan?
HERMAN:
Strah ružan li je, i kako tužan
uplašen čovek izgleda drugima!
Ja ti nudim otkup svih dugova svojih,
a ti me zoveš ružnim nazivima!

ERNST:
Pa, kažem ti, nestrpljenjem mojim
ti uspeo si u svojoj nameri da
oduženje izgleda veće za deset puta
nego sam taj dug! Onda, progovori!
HERMAN:
Iako žalim što takvo mišljenje imaš
o meni, ovoga časa preći ću na stvar:
jednim, za tebe malim, naporom, ti
možeš stvari dovesti u red, i
zaslugama nadati se večnim za uspon
Rajha i Firerov trud. Zajedno tada
ti i ja smo večno neokaljani u službi
Firera, sa svim počastima koje uz to idu.
ERNST:
Pa govori – šta!?
HERMAN:
Na tvoju sreću, postoji jedan
nemilosnik veći u oku Firera.
Svojim sam ovim ušima slušao
gnev našeg vođe izazvan tim podlim
prkosom veleizdajničkog psa.
ERNST:
Ime! Reci ime!
HERMAN:
Dolfus, austrijski savezni kancelar.
ERNST:
Ti si odgovoran za moj ilegalni
prelazak granice. Budem li imao
problem na toj strani, tebi ću,
ne njemu, lično da presudim!
HERMAN:
Toliko ti, valjda, dugujem od pre.
ERNST:
Svet nikada neće ugledati brži
i pravedniji vihor osvete,
iako ljudi već sva najsmelija i
najlukavija junaštva poznaju.

Još danas će ga sustići osveta:
u operi, ulici ili kupleraju!
MRAK

SONG 03.
NATPIS: SONG "BRAMBORSKI KRALJ"

*Bramborski kralj naređuje
svojim subjektima:*

*"Svaki čovek siromašnim
smatrati se ima!"*

*I sve blago vlastelina
I svaka rodna godina*

*I sve o čem čovek sniva
nikad ne sme da uživa.*

*Vladar čvrst stav zauzima
i daje na znanje:*

*"Svako mora da prihvati
stalno ratno stanje!"*

*Kad se brani otadžbina
Svako daje prvog sina*

*Ko neće da zemlju brani
u njoj da se ne sahrani.*

*Bramborski kralj svom narodu
gorku hranu služi:*

*"I ko neće da prištedi
mora da izdrži!"*

*Peva krava, peva svinja
Lete ribe i živina*

*A krompiri, luk i supe
pali su na dupe.*

DVORAC ŠARLOTENBURG
/HINDENBURG. ADOLF./

HINDENBURG:
Vi sigurno, kancelaru, znate da je
sada najteži period za nemačku zemlju.
Pod strašnim smo i strogim ucenama
obavezni da se ponašamo
onako kako to žele Franci.
ADOLF:
Ja sam, Predsedniče, svestan
opasnosti.
HINDENBURG:
Znate da jedinstvo od Nemačke
samo može ponovo da stvori
svetsku silu?
ADOLF:
Znam. Dobro znam.
HINDENBURG:
I znate da sam na mesto kancelara
doveo, do juče, protivnika – Vas?
ADOLF:
Znam, Predsedniče. Bog Vam dao spas.
HINDENBURG:
Ne iz ljubavi, već jedinstvenosti.
A meni moj ratni drug, a Vaš poratni
prijatelj govori nešto što me čudi.
U meni, pred smrt, novu savest budi
pismo koje upozorava na Vas.
ADOLF:
Od čelika ste Vi, i dugovečni.
Ne dao Bog...
HINDENBURG:
A on je heroj i strateg veliki.
ADOLF:
Takav, mogu slobodno da kažem,
heroj je dovoljno sličan i meni.
S debilima, snalažljiv, može

satima da govori o muzici, baletu;
sa imbecilom, recimo tako,
snalazi se dobro u razgovoru
čija je tema fudbal ili rat.
    HINDENBURG:
Ako razumem, Vi, kancelaru,
najviši sloj nemačkog društva
nazivate pogrdnim rečima
bez stida, dokaza, ili bar ukusa?
    ADOLF:
Moje su reči dobro potkrepljene.
Jer, čovek voli najviše da priča
o delu u kome udela nema,
o stvarima koje mimo njega
prolaze svetleći kao komete.
On bi da posmatra želeo samo;
kao božanstvo neko da gleda.
I kada stvari suviše ozbiljan
zauzmu tok, tada bi on
da rečju svojom mudrom i strogom,
osudom oštrom svršenog čina,
izbriše i iz sećanja tuđeg
akcije slatke prelepu bit,
i svet preokrene u suprotnom smeru –
stvaranju društva bez pobeđenih,
u kome niko nije pobednik.
Kao da je to tek jedna reč silna
koja za vekove vekova ništi
ranije reči, zapravo – dela.
    HINDENBURG:
Taj mali čovek, ako razumem?
    ADOLF:
Da, ne grešite, upravo on.
Lako bi se svima uvuk'o pod kožu,
spustio zadnjicu na zamišljen tron,
i bez po muke ubirao bez stida
zaboravljenih junaštava plod...
„Nepravda!" nije reč izdajnika,

ako iz usta dolazi onog
ko se za pravdu borio samo.
HINDENBURG:
Ali ne, tako mi Boga,
Nemačka još dugo videti neće
nepravdu takvu, takvo poniženje
kome su slabi narodi skloni!
Barem ne još onoliko dugo
koliko prusko viteštvo živi!
ADOLF:
I dok za volanom automobila,
istina, ne još suviše dugo
opterećenog silnim putnicima,
nalazi se čovek poput Vas i mene,
i duh mladalački starog Ludendorfa,
kome su silne godine i slabost
donele i sumnju i nepoverenje.
MRAK.

TREĆI ČIN

HODNIK DVORCA ŠARLOTENBURG
/VOJNIK menja zavese na prozoru./

/Sleva ulazi LUDENDORF./
LUDENDORF:
Evo me. Sve si doneo, zar ne?
VOJNIK:
Kako ste rekli: purpurna zavesa,
krpa i kofa sa vodom, dve uniforme,
dva nova para vojničkih čizama.
LUDENDORF:
A nož? Gde je nož?
VOJNIK:
Zaboravih! Evo, daću
Vam moj mač.
/VOJNIK se trudi da izvuče mač koji je zaglavljen u koricama./
LUDENDORF:
Onaj će još i da završi razgovor sa
Predsednikom dok dođu Englezi!
/VOJNIK poseče svoj dlan./
LUDENDORF:
Budalčino! Hajde, idi sad
i operi svojih ruku krv!
Mač ostavi taj; za Engleske
je krvave ruke on, ne te.
/VOJNIK spušta mač na pod i izlazi desno./
/LUDENDORF izlazi levo, pa se vrati./
LUDENDORF:
Nigde ih!
/pogleda desno/
Znao sam! Eno zlikovca gde ide
sa Predsednikom. Propalo
je sve!
/LUDENDORF se sklanja iza zavese./

/Zdesna ulaze VINDZOR i MARLBORO./
MARLBORO:
Hale, ja se plašim! Već toliko dugo
lutamo kroz ove hodnike, a nismo
još ugledali purpurnu zavesu.
VINDZOR:
Evo je! O, Bože, vidi:
krv i mač!
MARLBORO:
O, sreće! Jedan, znači, Nemac
propustiti neće neminovnost kazne.
Hajdemo odavde!
VINDZOR:
Ne, Džeče! To uopšte
nije naša stvar. Mi ćemo
danas ubiti Adolfa! Jedino
to se sada nas tiče!
MARLBORO:
Šta ako je on već...
LUDENDORF:
Pa, to ste vi!
MARLBORO:
Iza tebe, Hale! Nešto se
pomiče!
/MARLBORO probada LUDENDORFA mačem./
/VINZOR otkriva zavesu i vidi LUDENDORFA mrtvog./
VINDZOR:
Ti glupi, pijani, mali izdajniče!
MARLBORO:
Sreće mi, Hale, mislio sam da je...
VINDZOR:
Nesrećniče, to je bio Feldmaršal!
Šta glava tvoja misli, kad je pola
njenoga nasledsva poteklo od roda
za koji je „Tigar" nekad govorio,
a u reč se slažem sa Francuzom,
da se iz čistog varvarizma, bez
uobičajenog tranzitnog vremena

civilizacije, lako premetnuo
u zajednicu degenerisanih ljudi!
MARLBORO:
Ubij me ovim mačem, ali nemoj
o mojoj majci više da govoriš!
VINDZOR:
I ubiću te, jer jedino krvlju
može se platiti uzaludan put!
Al' prvo počisti ovaj nered,
skloni leš, pa onda nadaj se
da ćeš umreti k'o čovek, jer,
vere mi, ti nisi za život
stvoren, ni za rad.
/MARLBORO umotava LUDENDORFA u purpurnu zavesu./
/Zdesna ulazi VOJNIK./
VOJNIK:
Pst, momci! Zar već
gotovo je sve?
VINDZOR:
Jeste, vojniče, al' nije svemu
kraj.
VOJNIK:
Presvucite se, a ja ću ostalo
sve kako valja da obavim do kraja.
Da li je Feldmaršal zadovoljan sad?
VINDZOR:
Spokojan biće odsad Feldmaršal.
/VINDZOR i MARLBORO oblače uniforme./
/VOJNIK čisti krv sa poda krpom./
VOJNIK:
Kakav dan! Nadam se da Feldmaršal
neće prestrogo da kazni moju
malu nesreću u radu, a?
MARLBORO:
Kladim se da neće ni okom da trepne.
/VINDZOR i MARLBORO podižu umotanog LUDENDORFA./

VOJNIK:
Molim vas, recite, kada ga sretnete,
neku dobru reč o njegovom vojniku.
VINDZOR:
Pričaćemo mu dokle god bude
mogao da čuje našu reč.
/VINDZOR i MARLBORO krenu levo./

VOJNIK:
Hvala vam, dobri ljudi. Prenesite
svim Englezima moje dobre želje!
/VINDZOR i MARLBORO izlaze, noseći
LUDENDORFA.
VOJNIK kači staru zavesu./
/Zdesna ulazi ADOLF./
ADOLF:
Dobro, vrlo dobro, vojniče!
VOJNIK:
Fireru!? Živeo! Nemam ništa s tim!
ADOLF:
Imaš. Ja sam zadovoljan,
Predsednik je miran, a ti,
vojniče, viši si za čin!
MRAK.

EDEN
/BOG. SVETI PETAR. HERUVIM./

SVETI PETAR:
O, pričaj sa mnom, Gospode!
Govori, molim ti se, spreči
ljudski hir!
HERUVIM:
Staložen budi, Petre, povrati
svoj razum, a ne stari čir.
SVETI PETAR:
Zašto, Heruvime, kad

Svetlost vidim, Ljubav
osećam, da Reč ne bih čuo?
HERUVIM:
Eto, sa mnom pričaj, mada ja
slušalac sam večit, isto kao ti.
SVETI PETAR:
Dobri anđele, ljubav večita
tobom, znam, vlada. Ali tom
ljubavlju ti si posvećen onako
kako je posvećen anđeo, ne svako.
HERUVIM:
Ako si radostan, ja radost tvoju
primiću kao jedinu svoju.
Ako, si, opet, Petre, u žalosti,
ja biću ljubav kojoj bol oprosti,
biću reč Božja, koja nadu nosi,
i vazduh što prostranstvu prkosi,
vatra koja govor budi u ustima,
zemlja i voda u tvojim kostima,
misao koju želiš pomisliti.
Ja ću, Petre, biti isto što i ti.
SVETI PETAR:
Sve tajne Boga Tvorca znamo,
anđele, nas dvoje, ali samo
ti znaš mome stanju duha
ocenu da daš.
HERUVIM:
Ja uši i imam, i želim
da čujem.
SVETI PETAR:
U vazdušnom telu ja ljudski
strahujem: kada sam osvetom
napao na zlo, da li Bogu kaže
da sam zao to?
HERUVIM:
Dobro voleti dobro – to isto je:
zlo voleti Zlo – dok nešto manje to je;
zlo voleti Dobro – znači biti lažan,

dobro voleti Zlo – biti persiflažan;
zlo mrzeti Zlo – znači zao biti,
dobro mrzeti Dobro – bestiditi;
iz čega sledi – isto ti je to:
zlo mrzeti Dobro i dobro mrzeti Zlo.
SVETI PETAR:
/tiho/
Da li ćutnja znači prezir čina mog,
ili se tišinom osmehuje Bog?
MRAK.

MINHENSKA PIVNICA
/ADOLF. HAJNRIH./

ADOLF:
Ja dobro mislim, jer misle
da sam lud.
HAJNRIH:
Fireru, Vi ovde jedini
mislite, ja spremno primam
svaku Vašu ćud.
ADOLF:
Ne, tvoj stav cenim više od svega.
Sve što sada imam iz tvojih ruku
dolazi u moje. A prava odanost
i vredni rad to je. Zar reči
tako mislećeg čoveka
u mojoj borbi da ne postoje?
HAJNRIH:
Za mene su svete reči Rudolfove
predstavljale neopisiv napor duha;
ali o njima već imam stavove,
ako sam još uvek drag gost Vašeg sluha.
ADOLF:
Tvoja sigurnost u misli, i smirenje
koje pružaju mi samo čvrsto mogu
u tebe moje da stvore poverenje.

Ali, pre nego što kažeš ime koje
slogu Nemaca sprečava do kraja,
a naše vrednosti baca pod noge,
reci mi koga se ljudi ovde plaše?
HAJNRIH:
Ernst je ovde sotona za mnoge,
jer često ima običaj da kaže
da su Bavarci najbolji dečaci.
ADOLF:
Dobro je; znači, oni se boje
jednog od nas, i to onog ko je
najbolji među nama, i koji je
ovde, u Minhenu, uspeo najviše
luksemburgovaca od nas da pobije!
A država nije stvorena da bude
prepuštena onome koji, u svojoj laži,
od ljudi dobrotu i zahvalnost traži,
tobož, verujući u naklone ljude.
Slušam te. Svoje mišljenje mi kaži.
HAJNRIH:
Ernst je izdajnik najveći, jedini.
ADOLF:
To mi je zahvalnost!? Poverenje čini
od ljudi prave životinje, od sluge
pravi gospodara koji vlada svim
osim svojom rečju, kao sada ti!
Zar nije po svemu prirodno da kažeš
„Herman je izdajnik!", i da tako njemu
odužiš se za spletke protiv tebe,
i njegovim da mestom častiš sebe!?
HAJNRIH:
Govorim onako kako mislim, a
mislim tako da svoj govor pratim.
ADOLF:
Kada bih vreme uspeo da vratim,
da opet, sada svestan toga
da taj je čovek drug moj i pobratim,
Hajnrih, promislivši, za

veleizdaju krivio bi koga?
HAJNRIH:
Ernsta Rema, jednog jedinoga.
ADOLF:
Zašto!? Da znaš od ranije,
ne bi tvoj jezik želeo da truje
zdravo ime koje nikad stalo nije
protiv svog Firera zaveru da kuje.
Pa zašto onda i kakvim povodom
najrođenijeg nazivaš izrodom?
HAJNRIH:
Za najtežu kaznu najteže optužbe,
za najteže optužbe, najčvršći dokazi.
Ja sam prvi vojnik Vaše svete službe,
od toga sam razum put pravde polazi.
Ja, uz Vas još, branim pravo naše rase.
Veličam Vaš ugled u širokom svetu.
Da se ja obrukam, značilo bi, zna se,
da i Vašem trudu činim tešku štetu.
Ako pravo stanje moj razum ne shvata,
meni, moj Fireru, omča oko vrata.
Ali, dok umirem, postaćete svesni
da jedan Ernstov postupak obesni
dodao je još mnogo zla u glasu
kojim se govori za nemačku rasu.
ADOLF:
Obesni postupak vojnika bez premca?
HAJNRIH:
On ubi Dolfusa, čistokrvnog Nemca.
MRAK.

SONG 05.
NATPIS: SONG " VUK, VUČICA I ZEC"

Životinje sliku čoveka nam daju;
podjednako dobro vukovi i zeke.
Ponekad je bolje sačuvati glavu,
nego da se strada bez potrebe preke.
Takav jedan slučaj događa se svima.
Ljubitelju filma, našem znancu, Vuku,
dopao se jako film nad filmovima.
U bioskop vodi devojku za ruku.
– To moraš da vidiš! – reče ushićeno,
– Ceo svet se divi glumačkoj veštini!
Kinez i Japanac, ukratko rečeno,
jedan drugom lome kosti u prašini! –
– Prezirem nasilje! – ču' se glasić ženke,
– Ipak, pogledaću film i pored toga
što čujem krčanje stomaka svoga
i Zeku kako prodaje semenke. –
– Jesi li dobro? Bledo ti je lice! –
brine se Vuk za zdravlje Vučice,
jer, i mi ljudi vukove znamo
po tome što oni meso jedu samo.
– Ti, Vuče, izgleda ne shvataš mene. –
procvili Vučica kroz usne rumene,
– Stomak i ja smo odredili meru –
Zec je dovoljan za dobru večeru! –
– Ali grad, Vučice, nisu divljine,
gde vuk u zasedi svoju žrtvu čeka.
Ovde čovek-mesar o kasapljenju brine,
i grad je mesto pod kontrolom čoveka! –
Vučica odmahne rukom lako:
– U pravoj ljubavi to nije tako.
Ko stvarno voli, taj se ne stidi
da ga ženka jednom k'o muškarca vidi. –
Zec je načuo, sudeći po svemu,
načuljivši jedno dugo uvo,
ljubavnu čarku u doba gluvo.

*Ne čekajući da promene temu,
odskakućući, Zec je ostavio
Vuku i Vučici celi svoj imetak,
do prve šume, gde se i sakrio,
pa basna ima srećan završetak.
Zamislite samo, deco, da su ćudi
kod Vučice iste kao ćudi žene;
pa da se zločin i u svetu ljudi
prima kao dokaz ljubavi iskrene.*

PEĆINA
/*HEKUBA. MARLBORO se spušta niz liticu.*/

MEFISTOFEL:
/*spolja*/
Kada te prezrenjem odbace svi ljudi,
kada shvatiš da je život bedan,
kad budeš o drugom mislio dok sebi
zločinom si strašnim uništio ime,
to je znak ljubavi prema meni, čime
moja ljubav ide odmah, zvana, tebi.
Ako si osvete tad, a bićeš, žedan,
dozvoli svom gnevu da pošteno sudi,
nemoj da odbiješ pomoć prijatelja,
ne odbij ruku što bisere nudi,
ubaci novčić u bunar svih želja,
i najraskošnije snove probudi.
Dođi u moj dom – pećinu, ovamo
gde tebe čekamo s nestrpljenjem samo.
/*MARLBORO je u dnu pećine.*/
HEKUBA:
Srećniče, ti, pod nebom retki koji ume
glasove Neba da čuje i razume,
dođi, i reci, progovori samo;
za tvoju želju želimo da znamo.
MARLBORO:
Ko ste vi? I čiji glas me to dovodi
koji, da je hteo, ja bih hodao po vodi?
HEKUBA:
To je glas u tebi; ništa spolja nije,
niti što nisi imao ranije.
Doveo te je kao ranjenog uveče,
da bi do jutra rane mogle da se leče.
Da vidi da li želiš biti lečen,
zato je tvoj glas bio nedorečen.
MARLBORO:
Ja jesam tužan i utučen, ali
zbog jedne uvrede, ne velike tako.

Ne bih da se svetim nikome, iako
počast tu cenim koju ste mi dali.
          HEKUBA:
Zar uvredu si majčinog imena
odlučio da malom osloviš?
Zar više voliš udar nevremena
nego da tihim morem časti ploviš?
         MARLBORO:
Istina; ali, ko ste vi, i šta
želite da vam se u naknadu da?
          HEKUBA:
Za takvog stvora nezahvalnog važiš,
jer biraš da pitaš kad imaš da tražiš.
Ne gledaj uzroke, cilj pronađi svoj.
         MARLBORO:
Neka se oženi dobri Vindzor moj,
I neka s njom izrodi gomilu dečaka
(ako je to uzrok svim mojim jadima).
Neka nalik mojoj bude glava svaka
koja je, uz njegov lik, na mladima!
          HEKUBA:
Biće učinjeno.
         MARLBORO:
Sećam se sada! Baš to je ono bilo
što me je u gnevu ovamo vodilo!
Želim da vidim to, a sada
želim još više da mi kažeš – kada?
          HEKUBA:
Osetićeš brzo dobro dejstvo njeno,
pošto je još jedno delo učinjeno:
taj glas što te vodi, zapovedio je
da u smrt povedeš jednoga živ ko je.
         MARLBORO:
Reci mi onda gde se on nalazi,
jer ubiću ga čim ga oko spazi.
          HEKUBA:
Ne pitaj više, vodiće te glas,
i prst tvoj neće propustiti čas. ***MRAK.***

ČETVRTI ČIN

MINHENSKA PIVNICA
/ERNST. HERMAN./

ERNST:
Otkuda ti ovde?
HERMAN:
Došao sam sam. Želiš
da odem?
ERNST:
Ja te ne teram.
HERMAN:
Pa šta je? Što si još uvek
tako namrgođen? Nisi li, Ernste,
ti upravo taj, koji je izdajnika
lično sačekao i presudio mu za
izdajna dela?
ERNST:
Za to moje stalno ratno
bojište ulično, jer je sreća
sama do sada htela da me prati,
i za sva moja luda dela smela,
ko će ikada nagradu mi dati?
HERMAN:
Ha! Ti potcenjuješ obaveštenost
Obaveštenog kao što sam ja! Sam
Firer te je pozvao ovamo, da
tebi, druže, neku počast da.
ERNST:
A strah me je toga. Gde u svetu ima
da se laureat u pivnici prima?
HERMAN:
Nigde u Nemačkoj ne postoji veće
mesto tradicije. Jer, naš Firer neće
dozvoliti da zaborav pokrije
sveto mesto naše pobune. A time

i tvoje će se pominjati ime!
ERNST:
Tamo gde sve je počelo još čeka
srećnu završnicu samo bajka neka.
HERMAN:
Ne govori tako i greške ne traži.
Herojski to nije ni najmanje, nego
kukavna je hrabrost koja samu ne osnaži
sebe, dok svetlom čini tamu. Ti nisi,
lepi moj, mislio na svoju sudbinu
crnu kada si u boju gazio leševe
prijatelja svojih! Zar da se boji
jedan zbog kojih ratna opasnost
više ne postoji?
ERNST:
Tako je, tako! Nek u strahu svako
bude kom dela ne uslede reči. Sada
treba da preuzmem to što mi pripada.
HERMAN:
A zlo neka svakom vrati se
za zlo!
/Ulazi ADOLF, držeći pištolj uperen u ERNSTA./
ADOLF:
/Ernstu/
Uhapšen si, huljo!
/MARLBORO puca iz daljine. ERNST, pogođen, pada./
ADOLF:
Ko učini to!?
/ADOLF, gnevan, brzo izlazi./
HERMAN:
Seti se Ernsta, i u Berlin beži
dok ti još glava na ramenu leži!
MRAK.

PEĆINA
/HEKUBA. VINDZOR se spušta niz liticu./

VINDZOR:
Pakleni slugo izdajničke krvi,
sačekaj, reč dajem da ćeš biti prvi,
jer, ti si, što je dosad neviđeno,
pogazio prijateljstvo uzvišeno,
prvi, da, među svim prvima,
koji će da se druže sa crvima!
Mislio si da si brz, al' brži
je taj što Džek ga za budalu drži.
/VINDZOR je u dnu pećine./
VINDZOR:
Ja sam tu, Džeče, a sad, gde si
ti?
HEKUBA:
Ne budite me, posetioče zli.
VINDZOR:
Zar takvo nešto, za šta ne bih
reč imao lepu da opišem svu
sjajnu lepotu? Tako lepu ženu
ne videh još u celom životu.
HEKUBA:
Ah, preskoči to. Nego reci,
kakvo te je zlo nagnalo ovamo?
VINDZOR:
Ničeg se ne sećam. Sada mislim samo
na lepotu tvoju. Kada sam ovamo
ušao, vere mi, imao sam tada
nameru svoju, ali potom, sada,
ne znam zašto, ali znam kom
ja došao sam u bezumlju tom.
HEKUBA:
Meni. Ko te šalje, i kakav je dom
obećao tada putovanju tvom?
VINDZOR:
Znam! Obećao je meni

sve blago sveta, rekao je:
„Tamo, ako nigde, ona mora biti:
niko još Mesec ne oseti bolje
od mora što kopnu beži, pa se vrati.
Kao što nebu ide vode para,
u pećinu se medoljub zatvara,
dok crno voli duh plemeniti.
A kraj tebe jednog, i vladarke Volje
i ja ću mednu slast osećati."
To, lepa ženo, mora da si ti!
HEKUBA:
Ja sam odbačena i od svih
prezrena.
VINDZOR:
Ali zrela žena! Za kakve još samo
mi, neoženjeni, moramo da znamo
silom prilike, ali korak samo
ženu i čoveka od sreće velike
deli, moja damo.
/HERMAN, ADOLF, HAJNRIH i JOZEF se spuštaju niz liticu./
HEKUBA:
Pa, dobro. Kod želje tolike, šta
ja, jedna žena, još mogu da kažem.
Da opirem se još ne želim stoga
što podsećaš me na mog voljenoga.
Ložnica nas, ali i log čeka.
VINDZOR:
Božanstvena počast za jednog
čoveka!
/HEKUBA i VINDZOR izlaze./
/HERMAN, ADOLF, HAJNRIH i JOZEF su u dnu pećine./
HERMAN:
Ako je Bog Ljubav?
SVI:
Mi se ne volimo.

ADOLF:
Ako je Bog Reč?
SVI:
Mi njega koristimo.
HAJNRIH:
Ako je Bog Svetlost?
SVI:
Od njega smo crni.
Mi vladamo sobom,
okreni-obrni!
JOZEF:
Ako je Bog Stanje?
SVI:
Mi smo ljudi vredni.
HERMAN:
Ako je Zbivanje?
SVI:
Mi smo nepokretni.
ADOLF:
Ako je Bog Čelik?
SVI:
Pamuk nam je ime.
HAJNRIH:
A ako je Vazduh?
SVI:
Mi smo zemlja time.
JOZEF:
Ako je Bog Porok?
SVI:
Čednost vlada nama.
HERMAN:
Ako je Bog Vatra?
SVI:
Mi smo voda sama.
ADOLF:
Ako je Bog Vrednost?
SVI:
Mi smo lenji svi.

HAJNRIH:
Ako je Bog Zao?
SVI:
Dobra četiri.
JOZEF:
Ako je Upornost?
SVI:
Mi odustajemo tad.
HERMAN:
Ako je Bog Lenjost?
SVI:
Spremni smo za rad.
ADOLF:
Ako je Bog Tajna?
SVI:
Vesela smo vest.
HAJNRIH:
Ako je Bog Nesvest?
SVI:
Mi smo onda svest.
ADOLF:
Počnimo!
HAJNRIH:
Ite, missa est.
MRAK.

SONG 04.
NATPIS: SONG "GOGOLOVSKA PATKA"

*Trgovac iz Janšojcea
kupio je patku,
na trg žuri gogolovski
shodno svom zadatku.*

*U Gogolov na trg stiže
i zadihan stade
sa svezanom patkom nasred
patku da prodade:*

*ova patka zlato leže,
ova patka sadi cveće,
ova patka vino teče,
ova patka vunu prede,
ova patka turski priča,
ova patka leđa četka,
ova patka u lov ide,
ova patka himne peva,
ova patka rudu kopa,
ova patka krompir vadi,
ova patka bajke čita,
ova patka kosu gladi.*

*S nebesa mu pogled načas
na zemljicu pade,
i s užasom tad zaključi
patka da nestade.*

*Od meštana začuđenih
okupljenih netom,
jedan junak gogolovski
istupi pred svetom:*

*kad ta patka kosu gladi,
kad ta patka bajke čita,*

*kad ta patka krompir vadi,
kad ta patka rudu kopa,
kad ta patka himne peva,
kad ta patka u lov ide,
kad ta patka leđa četka,
kad ta patka turski priča,
kad ta patka vunu prede,
kad ta patka vino teče,
kad ta patka sadi cveće,
kad ta patka zlato leže,*

*kako patka znati neće
da ti se odveže?*

DVORAC ŠARLOTENBURG
/HINDENBURG leži u postelji. DOKTOR mu daje injekciju./
/Ulazi ADOLF./

ADOLF:
/Doktoru/
Kakvo je danas vreme, šta javljaju?
DOKTOR:
Metereolozi čine sve što znaju. Iako golub još ima krila, let nije na nebu, već u blatu pliva.
HINDENBURG:
/Ustaje/
Kancelaru! Molim, priđite mi bliže.
DOKTOR:
/Hindenburgu/
Opasno je da se Predsednik pridiže.
HINDENBURG:
Jedan vojnik nikad pred drugim ne leži!
/zatetura se/
/ADOLF i DOKTOR spuštaju HINDENBURGA u krevet./
HINDENBURG:
/Doktoru/
Ti onda beži!
ADOLF:
/Doktoru, tiho/
Dok napuniš to!
/DOKTOR izlazi./
ADOLF:
Budite mirni. Proći će vas zlo.

HINDENBURG:
Kakav mir mogu da imam
kada sav bolestan ležim,
i ne više mlad, dok otadžbini
preti haos crni!?
ADOLF:
Stanje je mnogo bolje, u suštini,
iako spolja crnim nam se čini.
HINDENBURG:
Da mi Bog da još koju godinu
dana da na miru svoju misiju
sprovedem, ili barem svoj
mandat do kraja. Ali, ne.
Uzeće mene danas sebi Bog.
A Nemačka će robovati svetu,
Evropi, sebi i svojoj nevolji
dotle dok čudom nekim se ne rodi
od mene ratnik i Nemac još bolji
i celi život posveti slobodi.
Ili dok vi, kancelaru, ne uzmete
zlatni skiptar loze Hoencolern
i blještavom krunom pokrijete čelo,
ali i oružje primite veselo.
ADOLF:
Prvi biću među ratnicima.
Dokle u veni kap još krvi ima
nemačke, ja ću, hteo ili ne,
morati da budem veći deo nje.
/Ulazi DOKTOR. Ubrizgava injekciju
HINDENBURGU, koji ne reaguje./
HINDENBURG:
Da, sine moj, ali gledaj tako
da dobrim činiš svako zlo opako,
jer pogani će jezici da slede
tebe, vrebajući slabost da uvrede.
ADOLF:
O našoj slabosti mnogi su
pisali oni koji pero držati

su znali.
HINDENBURG:
Neka ti samo ti što pišu sada
previše na putu ne zadaju jada,
a u jednom danu sve učini plamen.
Neka te Bog poživi, Fireru, i...
/HINDENBURG izdahne./
ADOLF:
Amen!
MRAK.

DVORAC ŠARLOTENBURG
/BOG. MEFISTOFEL./

MEFISTOFEL:
Dosta o klanju – kolji!
Ako ne koljеš – zaklaće tebe!
Kolji, ti što pričaš kako nikad nisi klao;
Kolji i ti što plačeš kako su ti klali!
Klao ne klao, klao si. Isto ti je
Ma zaklao muvu ili celi svet.
Evo ti, pa kolji!
Znaš gde treba da koljеš – izvoli!
Najdalje se čuju oni nedoklani...
Pričaju i glasnije i crnje nego
Oni koji su zaklani sasvim.
Još su glasniji oni koji nisu
Videli ni „k" od klanja!
Oni pričaju još strašnije od onih
Koji su klani stvarno!
Zato ne budi aljkav – već kolji do kraja;
Ne budi plašljiv – već kolji kad koljеš.
Klanje nije hir, tek tako, da bi nekog klao.
Klanjem se sveti klanje, klanjem
Se vraća milo za drago.
Zato – kolji, da bude manje klanja,
Kolji, da bude manje ruku koje bi tebe klale,

I manje grla koja bi klanjem klala nas,
Koji smo klali i koji smo klani,
Da bi nas bilo što manje...
MEFISTOFEL:
Gde je sad vaš Bog, Taj što ovu pesmu
tajanstveno stvori? Gde je?
Što se krije? Što ne progovori,
nego samo duva u ovnujski rog?
Da l' je on uz mene, ili je uz vas?
Vi vladate svetom, da vas oslobodim
od njega, čiji je presudan glas?
Da li gospodin iz prvog reda,
misleći – Tako je! – prizva vaš spas,
dok onaj što iz poslednjeg gleda
postao mi je veran kao pas?
Zar životinja je čovek, poput bebe?
Ponosa zar nema svaka ljudska duša?
Zašto da lice božje ne pokažem?
Gospod Bog nikad ne priča za sebe,
kada je odsutan onaj ko ga sluša.
Ja sam Bog vama – „zaista vam kažem"!
Pitanje glasi - možeš li podneti
ono što želiš da znaš, a to je:
da li se čovek nekome sveti,
ili je Osveta došla po svoje?
BOG:
Pogani jezik, Aždajo, obuzdaj!
Što s tobom moram, bez tebe ne mogu.
Ljubavlju jednom zahvali se Bogu
(pitom da budeš ti da umeš znaš)!
MEFISTOFEL:
Hvala Ti, hvala; jedini sam baš
srećnik što vazduh udisati zna!
Al' da se šalim prestati ne mogu.
Jedini znaš zašto takav postah ja.
Radujem se Suncu, koga žutog stvori
plemenita, blaga Tvoja ruka sva!
Ko Tebe ne voli, zar ikako može

za bednog stvora, kao ja, da zna?
BOG:
Dosta je, Anđele. Više ne govori.
Nisam hvale žedan napustio tron.
Već zarad čoveka, koji tako zbori
(da, kao ti sada uvek priča on),
i iz ljubavi, koju uvek dajem njemu.
Trošeći se tako, večno trajem.
MEFISTOFEL:
Ipak, Časni Oče, priznajmo da čudi
što Te od čoveka sakrivaju ljudi.
BOG:
Ti poznaješ Petra. Ponos njemu ne da
da bude bez mene. I kroz san me gleda,
pa jedino ovde, na Zemlji, sad mogu
da govorim tebi što se želi Bogu.
Misliš da sam surov?
MEFISTOFEL:
„Mesu pamet staje". Ali – to se mora.
BOG:
Ja nemam izbora. Ja sam jednom jasno
odredio Zakon, a ljudi su se,
ljudi su se strasno predali
da svoje živote podvedu
analizi, testu, oceni – neredu!
Ti si bio vredan, sada bi red bio
da ti se, slugo, božanski odužim.
MEFISTOFEL:
A ja nikad nisam odbio da služim.
Kada noć zemaljsku mogao sam
kakvom stvoru da produžim,
ni sada kada treba da je skratim,
nijednog trenutka ni za čim ne patim.
Radujem se jako! Po svojoj
promisli, Ti me stvori tako.
Nisam čovek, pa da bude drugačije...
BOG:
Ali čovek nije, iako je svoje sudbine

kreator, stvoritelj svoga sopstvenog
života.
MEFISTOFEL:
Ali uzurpator, što se čovek zove,
uživalac može biti svih divota.
BOG:
Može, a ne mora.
MEFISTOFEL:
Ove Tvoje reči volim neobično!
BOG:
I ne postoji ništa njemu slično.
MEFISTOFEL:
Za tu Tvoju ljubav odavno sam znao.
BOG:
Hteli su slobodu! i ja sam im dao
sposobnost da traže, da žele, dobiju.
MEFISTOFEL:
Stvorio si, dakle, ljudskoliku zmiju.
BOG:
Ti nisi jedinstven. Čovek svojstvo ima
da uvrede teške zadaje i prima,
da se pritvori, da ćuti mudro i glupavo,
da kao bog se sveti, ili đavo.
MEFISTOFEL:
Kada je takva ta gnusna spodoba,
od koje rogovi se đavolovi dižu,
kakve su onda odlike čoveka
koje na granu pravde sveci nižu?
BOG:
Oni takođe nisu to što jesu.
Ljudi rado snažno to drvo protresu
kad su ploda gladni. A ne znaju, jadni,
da jabuka je davno pojedena.
Njihova je hrana – za hranu zamena.
MEFISTOFEL:
Zašto onda sada, pored svih vremena,
želiš da ljudska rasa tako strada?

BOG:
Takva je, onda, sudbina njena.
Došlo je vreme, samo to znam,
kad Petar treba da razmisli sam.
MEFISTOFEL:
Zemaljska cela povest to je;
razumu ljudskom suđeno je
razlikom tačnom da razbija glavu
„oslobođenja" i „slobode"!
BOG:
Ili je Filosof bio u pravu,
pa i Letom teku uvek nove vode?
MEFISTOFEL:
A istina je da je od mnogih još jedna
nedeljna naša predstava, za koju,
zanimljivu opet, Tebi, Tvorče, hvala.
BOG:
I laž očigledna. I reči,
reči, Ah, reči što
reče budala.
MRAK.

SONG 06.
NATPIS: SONG "RADUŠKE KAPE"

Da čudnog li običaja
u mom zavičaju,
da čudne li ženske nošnje
u mom blatnom kraju!

Pod kapama baš širokim
naše snaše kose sviju,
pa se čini da imaju
volovski rog mest' ušiju!

Da čudnog li običaja
u mom zavičaju,
da čudne li ženske nošnje
u mom blatnom kraju!

O, supruge iz Raduša
amo vaše kape dajte,
kad ste nam ih nadenule,
rogove nam pokrivajte!

Da čudnog li običaja
u mom zavičaju,
da čudne li ženske nošnje
u mom blatnom kraju!

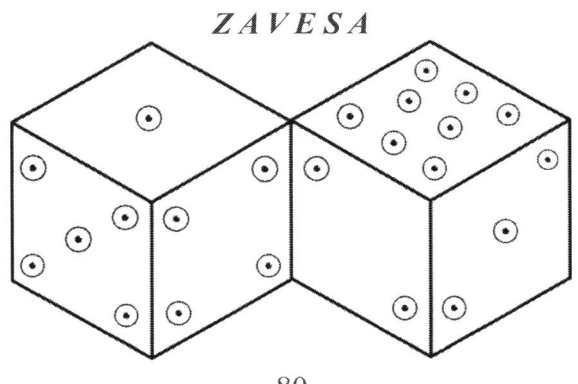

Z A V E S A

THE GOD PLAY
(The Peoples' Piece)

is a tragicomedy consisting of the play

THE MOUSETRAP

(FOUR AND A HALF ACTS OF STRUGGLE AGAINST LIES, STUPIDITY, AND COWARDICE)

and the cabaret

EVERYONE LIKES TO BOMB, BUT NO ONE TO BE BOMBED

By Boris Velkov

The God Play (The Peoples' Piece) *is a work by Boris Velkov© created in 2015 and published in 2023 on www.amazon.com.*

The Mousetrap (Four and a Half Acts of Struggle Against Lies, Stupidity, and Cowardice) *is a work by Boris Velkov© created in 2004 and published in 2006, 2009 and 2011 in previous editions, and in 2023 in the book* ***Das Volksstück (Narodni komad)*** *on www.amazon.com.*

Everyone Likes to Bomb, But No One to be Bombed *is a work by Boris Velkov© created in 2015 and published in 2023 on www.amazon.com.*

The official logo of the play ***The God Play (The Peoples' Piece)****, as shown below the text, is a work by Boris Velkov© created in 2023 and published in 2023 on www.amazon.com.*

The God Play (The Peoples' Piece)
Published in 2023 on www.amazon.com.
Author: Boris Velkov
Professional Inquiries: velkov.drame@gmail.com
Translation: Željko V. Mitić
Proofreading: Dr Marta Veličković
Translation agency: Prevodilačka agencija Prevodioci Libra

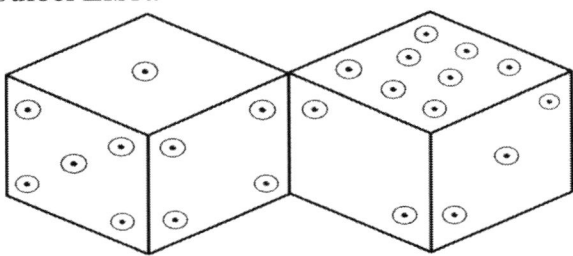

THE MOUSETRAP
(FOUR AND A HALF ACTS OF STRUGGLE AGAINST LIES, STUPIDITY, AND COWARDICE)

DRAMATIS PERSONAE

GOD
– The Word, Love, Light or, most frequently, As You Like It.

MEPHISTOPHELES
– Someone who really dislikes us.

SAINT PETER
– A perennial apostle of whom, for the most part, little is known.

CHERUB
– A tetramorph who cannot advance in his job.

HECUBA
– A Queen, presumably of Troy?

ADOLF
– That fella detests tobacco and alcohol.

MARLBOROUGH
– The man who made two tobacco brands famous, although he preferred championing liquor.

RUDOLF
– One of the rare persons to survive the play.

HERMANN
– "Let me have men about me that are fat". ...

ERNST
– ...said Shakespeare and lived through centuries.

JOSEF
– An abomination, but a familial one.

DOLLFUSS
– A rarely likeable dictator.

WINDSOR
– That fella, apparently, didn't care for tobacco either. Even more so...

LUDENDORFF
– One of those who catch a break toward the end of their lives.

HINDENBURG
– One of those who catch another break toward the end of their lives, even though they wreaked more havoc than they had intended the first time around.
HEINRICH
– An imbecile.
SOLDIER
– One of those actors whom audiences like to see bare-chested.
DOCTOR
– A world-class expert, and as such, entirely unnecessary.

IT TAKES PLACE IN HEAVEN AS WELL AS ON EARTH, DURING THE COURSE OF A SINGLE DAY OR OVER 4.383 DAYS.

*note to the director: one actor can interpret up to 5 different roles, so that the largest ensembles of our most respected theaters could be optimally employed; and the entire 5th act has been cut out, reducing the text of the play to its essence; in that way, the sacred number 10 is obtained.

CABARET "EVERYONE LIKES TO BOMB, BUT NO ONE TO BE BOMBED"

The Roaring Spree River Quintet performs songs that serve to achieve the "distancing effect" in the play.

THE ROARING SPREE RIVER QUINTET members are:
LIPSK – *accordion*
TRESHTEN – *double bass*
CHOCHO BANGO – *violin*
KOTZEBUZ and BUDISHIN – *meistersingers*

The Quintet performs Songs 01–06.

PROLOGUE

A TAVERN IN ELYSIUM
[SHAKESPEARE. GOETHE. IBSEN. PRÉVERT.]

JACQUES.
A certain Blaise Pascal
etc…etc…
JOHANN.
Imitation of truth does not correspond to truth.
HENRIK.
Today we are not living in Shakespeare's day and age.
WILLIAM.
Tir'd with all these, for restful death I cry,
As, to behold desert a beggar born,
And needy nothing trimm'd in jollity,
And purest faith unhappily forsworn,
And gilded honour shamefully misplac'd,
And maiden virtue rudely strumpeted,
And right perfection wrongfully disgrac'd,
And strength by limping sway disabled,
And art made tongue-tied by authority,
And folly, doctor-like, controlling skill,
And simple truth miscall'd simplicity,
And captive good attending captain ill.
All this the world well knows; yet none knows well
To shun the heaven that leads men to this hell.

SONG 01.
INSCRIPTION. SONG "THE MONKEY AND THE JACKASS"

For days and days on end the Monkey racked his brain,
Wondering what made him ever so unique,
As his brains and looks were of small avail.
He reached the conclusion, one easy to attain,
(And that put him over the moon, so to speak),
That he possessed by far the longest tail!
And leaping with joy, the Monkey did turn
His back on all creatures so they could learn
What was the one thing with which he was blessed,
Which of all creatures only he possessed.
While waiting to see who would praise him next –
The Fox, the Rabbit, the Falcon, the Bear –
The Monkey saw the Jackass was perplexed,
And therefore he whipped his tail in the air.
The Jackass stood with a stupefied gaze,
His visage as ghostly as it can be.
"Come on now, Jackass, come up with a praise!
Don't pretend that all's already been said.
What is it that's so unique about me?"
– That would be your monkey butt glowing red! –
Profoundly ashamed because of the roar
Of laughter he was soaked in through and through,
The Monkey muttered an excuse of yore
That he had some business to attend to.
Like animals, we people should attempt
To match our self-image to our true form,
Or we will be mocked by those with no class
If our small conceits grow into contempt
And we fail to realize that our norm
Cannot stem from pride or a crimson ass.
We are to embrace and live by, for sure,
Whatever nature on us did bestow.
Whatever that we will ever procure,
Someday, somewhere, we'll have to forgo.

ACT ONE

EDEN
[GOD. SAINT PETER.]

GOD.
Woe is me!
Alas, O wretched life!
SAINT PETER.
Pray tell me, O Creator,
What troubles weigh on you so?
GOD.
Ah, I am ruined! Soon
it will be Monday again…
SAINT PETER.
Even after all the things you
created?
GOD.
Yes, my dear Apostle.
SAINT PETER.
Have the six days of hard labor
been all in vain?
GOD.
Be quiet, Peter, please!
SAINT PETER.
All right, I'll say no more, just tell me
one thing.
GOD.
What, my dear child?
SAINT PETER.
What terrible thing happened
To disturb your
Sabbath?
GOD.
Alas, all I have created
Has gone sour. The one I taught
To amuse children was tricked

By the Devil to limn a mouse,
That filthy ilk. Is he alive in Hell?
SAINT PETER.
His body is cold, yet he's burning
inside. Is that the reason?
GOD.
I wish it were; it's worse!
SAINT PETER.
Is it because of the one who, in repentance,
Bequeathed all of his possessions
To those who earned them through good deeds?
GOD.
He too was deceived by the Vilest of All;
And now every winner is doomed to fall.
SAINT PETER.
Mephistopheles!? Again!?
GOD.
That's why I sent the Cherub
To summon him over at once.
SAINT PETER.
Why don't you smite him, O Only One?
Can't you see he's the cause of your wretchedness?
GOD.
Oh, no, Apostle, he has to live on,
Or the divine balance will be upset.
SAINT PETER.
Even with no balance, you are God alone.
GOD.
Alas, how I got caught in my own
net!
[The CHERUB enters.]
CHERUB.
O, Creator of Earth and the planetary sweep,
Of all the bright stars and the world that reaps
The fruits of Your righteous invention…
GOD.
All right, enough, slave. Speak,
Why is Mephistopheles not here?

CHERUB.
Lord, he would have come over right away,
But he couldn't. Presently, he went on to say,
He has to sort out the sixteen men
Who cross themselves with four fingers.
GOD.
All right, you're now excused, you may go.
[The CHERUB exits.]
GOD.
So you don't see your Lord's spirits are low!
SAINT PETER.
Has it not been just the same since time out of mind?
His part of the human scales, by Your hand designed,
Has ever been plunged to depths dark and austere.
And the head of the one you always held dear
Has hovered about your knees, isn't that true?
GOD.
'Tis a poor consolation, but I still thank you.
SAINT PETER.
Should we cast a glance at the humans on Earth?
GOD.
Alas, to my ruin!
SAINT PETER.
Let's just see what they're doing,
What vile thing they entertain!
Haven't we spent days below our station,
Relishing in sweet detestation? Just a little,
Till my curiosity starts to wane?
GOD.
I can see my visage no more,
only a fall.
SAINT PETER.
Look at them! I wonder what on Earth
They are up to now.
GOD.
There, they're alive; just like they were before!
SAINT PETER.
It's serious, I see. You no longer enjoy

Human vanities and their endless, well-known ploys:
Smoking, drinking, all sorts of opiates,
Striptease; you no longer detest even
The sight of a sumptuous feast,
Or when a glutton is nigh;
or when an adulterer abandons
a lover thirsting for love.
GOD.
I'll admit: I've lost all my bets, but above
all, now I'm on a betting spree.
SAINT PETER.
Whom do you bet against? Who is…
GOD.
Mephistopheles.
SAINT PETER.
He!?
[MEPHISTOPHELES enters.]
MEPHISTOPHELES.
Greetings, Old Chap, and everyone else in this spot!
My tardiness is due to that inhuman lot.
They wasted my time with their resistance and fuss
And their pretense of not knowing what was in store.
But, we have a more cheerful topic to discuss.
Should we play a new game or calculate the score?
SAINT PETER.
Have you no idea whom you're talking to, scum!?
MEPHISTOPHELES.
I do now: with someone who for me is no match.
You'd better calm yourself down and go close the hatch.
These scenes for humans are as nasty as they come.
GOD.
Do as he says, Peter.
SAINT PETER.
I'll take my leave, O Holy One,
at your behest.
[SAINT PETER exits.]

MEPHISTOPHELES.
What an idiot! A man!
I say, he is just a man!
GOD.
I have a suggestion.
MEPHISTOPHELES.
No! The odds are
Fifty to one. A couple more
Mils, and we'll start the restorations.
You downstairs, and I upstairs! Such is
The deal. A couple more mils,
If my calculations are right… and
You know I make no mistakes
The way people do…
GOD.
Listen to me, you fool!
MEPHISTOPHELES.
I have no tongue; only this
pair of ears.
GOD.
To have a hell here in heaven – all right;
This heaven on earth I can justify;
Fire within ice, day within night,
Mine is the will from the earth and sky.
MEPHISTOPHELES.
Verily! Take pity on me, O Great Leader.
GOD.
Without you, there will neither be
All the bets that, thirsting for fate
As if I were human, against you I made.
MEPHISTOPHELES.
This is the end! Have pity, Creator,
On your slave that's beyond salvation.
GOD.
There's another thing, Satan, you should know:
Your death means the death of the human race,
The creation of a new Heaven and Earth,
The heavenly caste, the earthly class…

That death will deal me a powerful blow.
MEPHISTOPHELES.
I reckon that humans are quite dear to you?
GOD.
It was not exactly at their request.
They never even try to come through
Or hear the cry ripping through my chest,
The word ever fails to reach them anew.
To be their God is to be put to the test.
MEPHISTOPHELES.
And that's why you took it all out on me?
GOD.
That end I will not live to see.
MEPHISTOPHELES.
And who's powerful enough to divest you
Of the title of the Almighty Creator?
I am not.
GOD.
Whoever gives life, takes life as well.
MEPHISTOPHELES.
Where, on what location,
The Creator spoke in jest?
GOD.
There's no such place, slave.
MEPHISTOPHELES.
Why do you offer *me*, the loathed one,
Your savior's throne?
GOD.
Even when they hate you, they love you;
And the Divine Love is despised.
If so, may they hate whom they love.
MEPHISTOPHELES.
I accept your brotherly suggestion.
But no, 'thank you, I am good'
I won't squeeze through my teeth.
Those creatures whom love will bequeath
To me, will they not be replaced when dead
By the followers of the One opposed

To the new God – me, perchance?
GOD.
'Tis possible, if you repeat my mistake.
Make them aware, bear in mind while you create,
That they resemble you in spirit only,
And not the other way around – in body.
MEPHISTOPHELES.
Upon that contract I will put my seal.
However, and you already know it,
I'll have to add something to the deal.
GOD.
I have no ears, but I am listening.
MEPHISTOPHELES.
There is the minutest of details
That you, Purest One, wish to overlook.
GOD.
Well, go on, speak, abomination, now's the time.
MEPHISTOPHELES.
The power of God can't be bestowed like so.
GOD.
Oh, is that so?
MEPHISTOPHELES.
Is it not?
GOD.
I don't know.
MEPHISTOPHELES.
That's what I think.
To be sure, I want
To win fair and square.
GOD.
Are you up to it? If so,
You should be God right now.
MEPHISTOPHELES.
Not even your shadow, O Powerful Lord,
would I be if this very sacred moment
You dissipated without trace.
But, here's your chance, and if you're fair,
Judge fairly the offer I make.

GOD.
Speak, servant.
MEPHISTOPHELES.
Your defeat seems to me certain,
I reckon by what you say; so you,
O Great One, find your peace
in these words worthy of the Vile One:
we will find a man on Earth
who will through conduct good or bad
bring a victory to Thee or to me.
In this game so far you have
always lost. So you should select
the creature first.
GOD.
I accept. Now leave.
MEPHISTOPHELES.
There, I praise Thee (like, I could tell,
Jesus was praised), it would be in order,
as people say, that you should "go to Hell."
"I bid Thee farewell," I'll say in the end.
[MEPHISTOPHELES exits.]
GOD.
How wretched 'tis to watch heaven's demise!
I'd be lower than the lowest imp
To hide from myself a move that wise.
But – what!? What – "but"!?
[SAINT PETER enters.]
GOD.
It's no use, Peter, encouraging me with
deceits.
SAINT PETER.
I testify to your woes,
Not to our defeats.
GOD.
He's never known envy or wrath,
Avarice or pride. And like a drop
that a glass overfills, he's humble and restrained,
merciful even to his master.

How hard it is to be God and resist the fall
While receiving a gift from the Lowest of All!
SAINT PETER.
You are grand, Almighty, the one pure and true Lord,
But you are wrapped in your whiteness from head to toe;
And being wise, you know that with your flaming sword
On my will the attacker's fierceness you'll bestow.
To envy, eating at you from in and outside,
You have become impervious, with resolve instilled,
And, brimming with virtue and goodness sanctified,
You left your mighty light as our only good shield:
He whose character is imbued with brutal force
Always looks ahead, his eyes are fixed on the sky,
While the deprecated can just observe the course,
Expecting new blows that his tyrant will apply.
GOD.
Replace those platitudes with
plain words.
SAINT PETER.
"We will find a man on Earth
who will through conduct good or bad
bring a victory to Thee or to me."
GOD.
That speech I seem to have heard.
SAINT PETER.
I am old, and so I repeat words
I heard you say when I was not close.
GOD.
You heard well when Evil spoke.
SAINT PETER.
You know who that *someone* was!
GOD.
He was right; you are just a man
(Who knows what's running through
your veins)!

SAINT PETER.
I am as viceless as he, and,
While I was there, you were wise
To think vividly through me.
GOD.
You are privy to all my secrets, Peter.
This one, it appears, you're hiding from yourself.
SAINT PETER.
He's as just as the few people of yore.
GOD.
Is he a doctor?
SAINT PETER.
No. He is ignoble. And what's more,
He's suffered for resisting humiliations.
And just like I, he believes it's a much
Greater sin to put up with injustice
than to commit it.
GOD.
Is he able to bring me what I should be brought
Despite the infernal affairs and their allures?
SAINT PETER.
I tell Thee, he is surely the best bet you've got,
Submissive to imperial barons and earls!
GOD.
So, he's the chosen one.
SAINT PETER.
And his wrath at the Chosen People
can rival yours.
GOD.
The one difference being he is not God.
He'll pay the same price at which he scores
A deal from a Jew, however odd.
BLACKOUT.

MESOSPHERE
[MEPHISTOPHELES. CHERUB.]

MEPHISTOPHELES.
Is the apparition going to appear already?
CHERUB.
Well, I have to be patient,
Practice my restraint, for my work
Is not cut out for people too keen;
And I'm not a Seraph to see only tender,
But just people, the uncouth and obscene!
Who must always find themselves on Earth
Or anywhere with other people in sight;
And precisely in a place and at a time
That the Creator has determined as right?
You have freedom, and I dreams of escape.
MEPHISTOPHELES.
And the skill of those whom dreams can shape.
CHERUB.
Men make pleas, yet God decrees,
But, devoid of worries, I would gladly be
Like a plump little boy, cheerful and free.
Thank God, here's our
Destination! There's the Chosen One.
MEPHISTOPHELES.
I see nothing.
CHERUB.
Down there, where the ragged people lie.
MEPHISTOPHELES.
Which one of them is he?
CHERUB.
The one on the right, second in front. The one
Who sleeps beside the one who writes
And looks up. What's the matter?
Let go of me, Satan!
MEPHISTOPHELES.
Ah, he saw us! And having seen us,
He fell to the ground, as if in a trance.

CHERUB.
So, from this moment on, that man will be
Joyful and dejected, all at once!
Lord, help me!
[The CHERUB flies off. MEPHISTOPHELES lights a torch.]
MEPHISTOPHELES.
And for the time being, in the shortest span,
I will do with honor every deed I can
Until there's nothing left for me to do than
Use this torch to rekindle the chosen
Creature's dreams. And, as it seems,
Even though I'll rekindle that flame alone,
Pointing out the culprits I cannot postpone!
BLACKOUT.

PASSENGER PLANE
[WINDSOR. MARLBOROUGH.]

MARLBOROUGH.
O, my God! Hal!
[WINDSOR startles awake.]
WINDSOR.
What is it!? What is it? What is it!?
Is there a fire somewhere?

MARLBOROUGH.
Everywhere: alternating between Earth and the sky!
WINDSOR.
Seriously!? What's burning?
MARLBOROUGH.
A burning silhouette!
At first it stirred all over the sky
Accompanied by a figure milky-white.
Then the white flame soared up,
While the red one did drop!

WINDSOR.
A storm? Now? It's a crystal night.
MARLBOROUGH.
No, it's not a storm, for that flame,
When it soared this way again,
Came this close to me!
WINDSOR.
O, God! Are we crossing
The air border unannounced?
MARLBOROUGH.
No, that was the flaming silhouette!
As if the Devil himself is tempting us.
WINDSOR.
What exactly happened, Jack?
MARLBOROUGH.
That repulsive voice intoned
That, if I'm to kill someone,
I'll find refuge in a cave.
WINDSOR.
Look, Jack: there are all sorts of dreams;
And it's Satan's doing behind
All the promises given to us therein.
MARLBOROUGH.
But, my eyes! How can my mind
Disregard the matter and
Let go of it?
WINDSOR.
So, you saw it?
MARLBOROUGH.
That's what I've been trying to tell you!
I'm a realist: through my eyes I receive
All facts of defeats and victories.
WINDSOR.
Hang on; my eyes can also perceive.
Let me tell you a tale of some worth.
I was recently on a state visit
To your mother's country of birth.
As luck would have it, pretty soon I

Ended up in Salt Lake City,
And that country has no strikes,
And common folks are virtuous…
MARLBOROUGH.
Well, that's to be expected.
WINDSOR.
I, a future emperor, as their stupid
Custom commands, engaged with commoners.
And we spoke, though we didn't understand
Each other very well: I was bored
Listening, and they, I could tell,
Thought that I could lend them a hand,
And that went on… Anyway,
A widow approached me,
Holding by the hand a child
Not older than twelve, and told me
Of her husband's passing, and
Not having a son with him,
And how she lost a brother she had…
And that child stared right at me,
And said to her, "Look, mom – It's Dad!"
And the woman didn't even flinch!
She replied softly, before turning
To me again, "Trish, that's not nice." (Patricia
Was the girl's name). What do you make of it?
MARLBOROUGH.
The kid was lying! If only
You could tell it plainly, though.
WINDSOR.
I didn't believe it – but that's what I saw!
MARLBOROUGH.
Yourself as a father? Is that what this is about?
WINDSOR.
No, you fool. There are different
Upbringings: some peoples find it easier
To lie than a simple truth
To imply! And it is true. You fear
Germans, more than the French, Russians, or blacks.

But, don't worry, Jackie boy, I love you still.
That's why on your behalf I'll make
Every new deal. May your mother
Be proud of her son: don't wake me
Now until our Berlin journey's done!
MARLBOROUGH.
[quietly]
And every illness I would find
In myself I would try to treat
With a more or less proper dose,
Though a doctor, somehow blind, would
Tell me – You're not ill! – but still I was.
BLACKOUT.

CONGRESS HALL
[RUDOLF, with a frantic face and neurotic movements, enters cautiously.]

RUDOLF.
Dear guests, please do come close!
Mr. Bismarck, Lady Astor, Krupp; while Beck
and Göring, just back from hunting,
Carefully remove animal bones;
Monsieur Maurras with a "Napoleon,"
A century old or a whole eon;
Falkenhayn, Konrad von Hötzendorf; then,
The ambassadors the spice king did send,
And my favorite person did also show,
The one and only Mr. Marlborough!
What – did you just give me
A bottled boat!? Why, thank you; it's nice
To see your ancestors' good manners you promote.
[DOLLFUSS enters.]
RUDOLF.
An entire jazz orchestra!? Straight out of the opera house!
[The SOLDIER and the DOCTOR enter.]

RUDOLF.
Engelbert Dollfuss also! What a solo!
Bravo! You're the best!
DOCTOR.
Get him out of there!
[The SOLDIER subdues RUDOLF.]
DOCTOR.
Just a small dose, so our Ruddy can
Get some rest.
RUDOLF.
What is that there?
DOCTOR.
A special kind of cow milk.
RUDOLF.
That's out of the question! The celebration
Starts with Dollfuss and his ilk.
[RUDOLF falls asleep.]
DOLLFUSS.
In a land of madmen, one who
feigns it is sane.
[ADOLF and JOSEF enter.]
ADOLF.
Don't overdo it! I want nothing less
Than his unburdened consciousness.
DOCTOR.
I swear by my life he's under no strain.
ADOLF.
Get out!
[The DOCTOR and the SOLDIER carrying RUDOLF exit.]
JOSEF.
Why's the master of souls bothered by this knave,
This poor, malformed, arrogant margrave?
DOLLFUSS.
If I were as malformed and arrogant as you,
You'd still be below me through and through.
ADOLF.
May peace among the brethren be nigh.

DOLLFUSS.
To people, I suppose, that should apply.
ADOLF.
[To JOSEF]
You may take your leave now, that is all.
[quietly]
But don't you dare leave the waiting hall.
And take Rudolf along.
[JOSEF exits.]
ADOLF.
Two real men. Two blood brothers.
And if our arrangement isn't that far
And we're not sidetracked by others,
I'll conquer the Sun, Jupiter, and Mars.
DOLLFUSS.
[quietly]
Because Saturn is already under your thumb.
[To ADOLF]
Hear me out, you Gothic tyrant!
I am well aware that he, who,
In a flash, through some trickery,
Conquers a land, thinks he rightfully did so.
But, he's divested of the right to what he owns.
You aim for the Sun, you say; but know
That eternal flame casts new rays on us,
While the old ones cool far away from the Sun.
Your mother didn't suffer more
Than mine did, giving birth to me,
Nor is your sun closer than mine.
You will not misuse children's memories
For new misdeeds, as long as reason prevails.
ADOLF.
So – never?
Does innocence not fiercely on planets roar,
Whose carcasses cast shadows on the Sun passing by?
You flaunt reason while being unaware
That children separated from their mothers –
Cry! Neither you nor anyone of your ilk,

Having crammed all the reasonable concepts
In a solid bundle, can prevent
Me from embracing some poor nipper,
Except by way of fire.
    DOLLFUSS.
Before you think it, you will burn.
The Italian Caesar, the Hungarian admiral…
    ADOLF.
The admiral without a sea!
    DOLLFUSS.
With me, if you will, a Danube angler,
As two wills joined in one,
We'll pick apart this falcon's nest
That each honest German detests.
    ADOLF.
Is that all?
    DOLLFUSS.
No. There is a contract that
The three of us composed and
Signed our names upon, but
We need one written in your hand.
    ADOLF.
For what purpose?
    DOLLFUSS.
To confirm the inviolability
Of our borders, for peace and cooperation.
    ADOLF.
Well, that is an outright ultimatum!
Tell me, Dollfuss, does the egg threaten
The snake as she swallows it whole? Or
When she's strangled by an eagle, does she
Cry over the fate of the egg devoured?
    DOLLFUSS.
Are you mocking me?
    ADOLF.
Not at all, I appreciate the German pride of such
A spirit. Surrender without resistance,
And be my friend. Italy, the serpent,

Knows when and what she's lost, and when to
Retire under the stone. Save me time,
Enliven many of your fellow citizens,
And know that the moment when being German
Will mean being human, like a cloud
Will glide in. Be a human today, while the sky
Is clear, that's all I humbly ask of you.
DOLLFUSS.
You're asking me to be a human?
To be your friend, a brother, perchance?
I can't be brothers with those who set fire
To their assembly halls, nor can I
Be friends with those who send their brethren
To prison camps. As it's the same language
We speak, you'll understand me fair.
ADOLF.
Retire, then, to your lair! Hide
Your face, and suffer injustice, until you
Learn another language! Then you can freely
Elocute and salute the great Caesar with what
The barbarian who speaks your tongue,
Detesting you and your race, threatened you
As you slimily and hurriedly crept to a hole!
[DOLFUS exits.]
ADOLF.
From the embers of the torched assembly, whoever
Committed that atrocious act, for which
I am eternally grateful, I will take
A burning lump, with which I will, as
God is my witness, pursue the treacherous snake…
[JOSEF, HERMANN, DOCTOR, the SOLDIER, and RUDOLF enter.]
ADOLF.
…and holding the torch firmly in my fist
I'll burn the tongues out of each of them,
So no hateful word is ever produced
Against benefactors ever again!
[ADOLF collapses in exhaustion.]

JOSEF.
What lump?
[To the DOCTOR]
Help him, quick!
[The DOCTOR tends to ADOLF.]
HERMANN.
Shall I return when he is out of it?
JOSEF.
No, busybody, you stay here!
[ADOLF comes round.]
JOSEF.
My *Führer*, as you commanded, I summoned
Here your dear Hess, and look who's there
With him! Hermann appears to have some
News about those who blew up the assembly.
HERMANN.
[To JOSEF]
You will pay for that, you humpbacked camel.
ADOLF.
Out! Everybody get out!
[The others head for the exit.]
ADOLF.
[To RUDOLF]
You stay!
[JOSEF, HERMANN, the DOCTOR and the SOLDIER exit.]
ADOLF.
Rudolf, let's play some
Football! Come on, take a shot!
[RUDOLF swings his leg toward an imaginary ball. ADOLF plunges.]
RUDOLF.
You are a worse goalkeeper
Than ours and the French one combined!
ADOLF.
I admit, I'm pretty bad. What's the score?
RUDOLF.
Seven–null for me!

ADOLF.
Congratulations! And can you
Tell me, Rudy, why I
Let in so many goals?
RUDOLF.
Because you're distracted.
ADOLF.
And to what should I direct my attention
To emerge victorious in the end?
RUDOLF.
The ball flies, the game is on,
and all the youths thereupon
Pray to God, when school is done,
that next time they'll overcome.
People are always on guard,
so they practice long and hard.
He whose effort's on the rise
can expect the highest prize.
To secure a stronger side,
go pay up players with pride.
Such blokes are worth every dime,
they bring success all the time.
When the golden trophy glows,
you don't need one who deals blows.
If you can do without him,
he should pick another team.
BLACKOUT.

SONG 02.
INSCRIPTION. SONG "THE SASPOW MAIDEN"

Why does that Saspow maiden all alone there dwell?

Explain it with your arms and eyes, for we can't tell,
So that it would all become clear to us as well!

What kind of eyes are on that Saspow girl so fair?
– She has such a nice pair, she has such a nice pair!

And can you describe to us her hands and her arms?
– She has a pair of those, too, and with honey-palms!

But, why is she alone? Explain it with your breast,
Explain it with your ears, explain to all the rest!

With what kind of bosom's the Saspow girl endowed?
– Such a perfect pair would make every maiden proud!

Tell us, what kind of ears are on that Saspow girl?
– She has two of them and they are adorned
with pearls!

Well, if she has such ears and eyes,
Such arms and breasts so fair

Then why oh why is she alone
And her steps have no pair?

ACT TWO

A CAVE
[HECUBA. MEPHISTOPHELES. LIFELESS HEINRICH.]

MEPHISTOPHELES.
Your powers make me burn so
Bright! You wondrous darling of
The night, you are mine, and I'm yours!
HECUBA.
You flatterer, you wouldn't be here
Wooing me, so young and dear,
If you didn't see how to put
Me to some use!
MEPHISTOPHELES.
What can an eye add to a woman like you?
HECUBA.
Quit cajoling already (my body's all
Burning), and say what you want.
MEPHISTOPHELES.
A minor miracle.
HECUBA.
Ah, not again!?
MEPHISTOPHELES.
Come; the body's cooling off.
HECUBA.
Tell me, what do you intend
To do with it?
MEPHISTOPHELES.
Whatever I am able
To become like a hero from your time!
HECUBA.
Never! I have sworn. That is
Off the table!
MEPHISTOPHELES.
Everything still worth something has a price.

HECUBA.
Then forgo the passion that women entice.
MEPHISTOPHELES.
What's wrong with my eyes? I can't
See!!! Where are you, O Hecuba!?
HECUBA.
Oh, what a sight for sore eyes is he!
MEPHISTOPHELES.
I'm completely blind and just keep ambling through!
HECUBA.
What a handsome devil you are, damn you!
MEPHISTOPHELES.
Dear Hecuba, you will be queen again.
HECUBA.
If you'll be my king, dear, only then.
MEPHISTOPHELES.
I would gladly, but time's not on my side.
HECUBA.
What higher beauty do your baby blues abide?
MEPHISTOPHELES.
The body crumbles sublime…
HECUBA.
All right. Just this one time.
[She levitates.]

"Life is fair, and people just
When their judgment merits trust."

Try it now!

MEPHISTOPHELES.
Nothing.

HECUBA.

"Our fair judgment is the preclusion
Of each deeply-rooted delusion.
To obtain the truth devoid of lies

Only on pure reason one relies."

How about now?

MEPHISTOPHELES.
Nothing! Not a thing!
[HECUBA leaves to fetch a book.]
HECUBA.
O, I'm old, or just getting older,
But I'm still holding up.
MEPHISTOPHELES.
Recall every spell now, Hecuba,
So you could be again Pallas Athena.
HECUBA.
[She levitates and reads.]

"Common sense can only dwell
Where everybody means well.
Good thoughts arrive to all of
Those who are chock-full of love.
And love can be unreserved
Only if it's well deserved.
Beloved are, here's my two cents,
Veritable innocents.
Innocence precedes good luck…"

MEPHISTOPHELES.
He's alive! And yet
our Eon will thrive!!
BLACKOUT.

TEMPELHOF, BERLIN
[LUDENDORFF. WINDSOR. MARLBOROUGH. THE SOLDIER.]

LUDENDORFF.
Oh, my virtuous enemies!

How glorious to see you again
In the host's magnificent land!
And it makes me even more glad
You traveled by plane,
Not by train.
WINDSOR.
Thank you for your gentle and soothing
Words of sincere welcome.
My great father used to tell me
Of the warmth of the German folk.
Your land is also fertile and vast.
But, I cannot help noticing
That your vast German sky
Does not provide the best of shelters
To your western neighbors.
We could do with some respite.
LUDENDORFF.
For the price at which you come
To me, your respite could be measured
In years. And your friend appears
Somewhat nervous, I would say?
Could it be that my harsh German word
Perchance upset him?
WINDSOR.
Give my best to the Field Marshal, Jack!
MARLBOROUGH.
I salute you for Tannenberg.
LUDENDORFF.
And thanks for Arhangelsk.
Such a firm handshake! By God,
Prince, if your executioner's grip
On convicts' necks is as firm,
We're in for an excellent deal.
WINDSOR.
In the whole Empire, he has no match.
For the same price, you'll get the same appeal.
[DOLLFUSS enters.]

LUDENDORFF.
[To DOLLFUSS]
Why wear a frown on such a lovely day?
DOLLFUSS.
Eh, Ludendorff, to me it's pitch black!
LUDENDORFF.
[To WINDSOR and MARLBOROUGH]
Chancellor Dollfuss is telling us so.
[To DOLLFUSS]
These gentlemen are Windsor and Marlborough.
DOLLFUSS.
Then a single ray of the Sun
Will rend the enveloping night.
WINDSOR.
[To MARLBOROUGH]
So that for once you'll also be bright.
DOLLFUSS.
I won't stay here too long.
I'll just point out how wrong
I find events in Germany to be.
LUDENDORFF.
But, we are here to set things straight.
DOLLFUSS.
As much as you are able, and as you like it.
On my part, out of the way I now pledge to go
To spread the word of outbursts of stupidity
And rage throughout Europe to all who need to know.
[DOLLFUSS exits.]
WINDSOR.
[To MARLBOROUGH]
You see, the continent protects the Empire.
LUDENDORFF.
[yelling after DOLLFUSS]
But then don't, as the wind blows,
When things are settled here
And the Mediterranean becomes *mare nostro*,
Appeal to brotherhood and harmony!

WINDSOR.
I share with you an indivisible opinion
About the catastrophic nature of irredentism.
LUDENDORFF.
That's blackmail! That is a schism
Equal to the one devised by your Washington!
MARLBOROUGH.
So, who am I supposed to kill?
LUDENDORFF.
I beg your pardon!?
WINDSOR.
[To MARLBOROUGH]
Speak up, can't you see the old chap
Is deaf?
MARLBOROUGH.
Tell me, Field Marshal, who's supposed to die!?
LUDENDORFF.
Our chancellor, O Maltese knight.
MARLBOROUGH.
It's too late, for as you, Field Marshal,
Spoke in rage, he boarded a flight
To Vienna!
WINDSOR.
Not him, Jackie boy! You have no skill
To negotiate with an employer.
[To LUDENDORFF]
It's Adolf, is it not?
LUDENDORFF.
No, it's dangerous to mention in public
The most hated Austrian name!
WINDSOR.
All right, from now on we'll be silent.
And why, if I may ask, is he not taken
Care of by some local executioner?
LUDENDORFF.
My good sir, didn't your father
Ever tell you that no German
Dares assassinate a ruler?

MARLBOROUGH.
And why is that, Field Marshal?
LUDENDORFF.
Out of fear of the terrible curse
That is cast on Germans from heaven.
WINDSOR.
[To MARLBOROUGH]
You are cursed already.
MARLBOROUGH.
[To WINDSOR]
Now I know it, Hal.
WINDSOR.
Well, Field Marshal, we are ready!
BLACKOUT.

CONGRESS HALL
[ADOLF. JOSEF. ERNST.]

[HERMANN enters]
HERMANN.
They've all been apprehended!
ADOLF.
Excellent; and now set cruelty
And anger aside.
JOSEF.
Führer, I declare that even without
Cruelty, that is, having set
All my cruelty aside,
The very nature of me,
A full-blooded German,
Is enough to punish those animals.
ADOLF.
That is out of the question!
But I commend your integrity.
Now the hatred should be directed to
Where usury has clouded reason
And made politics, the mother of the preservers

Of the sacrosanct principles of nation and state,
Into constant indifference, decrepitude,
A cursed, base desire for interest,
Languor, laziness, polemics, each
Worthless principle of universal equality;
Where our will is believed to be
A beam of steel, yet too thin,
While theirs are thick, made of rubber,
So, having our crushed the head of a passerby
Both they and we detest, and which,
Due to its strength, will smash
Against the concrete, breaking in two,
Those beams of theirs, ever thicker,
Could continue smiting left and right,
Indiscriminately, regardless of our plight.
For that reason, amidst the uproar and pomp,
We will let those bloodhounds go free;
And we'll only employ rubber bullets
To intimidate those manufacturing them.
However, in order not to aid them,
And by such an act we would plunge
A knife in our own chest, I therefore
Propose and decree: all the people
Of our blood, Germans, Norsemen,
Shamefully partaking in this barbaric act,
Must not be overlooked nor treated
With indifference, but relentlessly,
With fervor unmatched, come down upon
And made into an example.
Only through such actions can
The righteous anger be quenched
Felt by you and other proud Germans
Who rightfully thirst for revenge.
JOSEF.
Your genius, my good *Führer*,
Surpasses my entire fancy
And expectations that only
Providence could bestow!

Your god is stronger than my god,
Your daemon thrice as more eloquent!
Your weakness is a conundrum even
To an alchemist, whereas mine
Would elude a bat.
ADOLF.
You appear to set the tone
To trade your ministry for my own
Humble title.
JOSEF.
No such thing has ever crossed my mind.
Everything is in perfect order.
I am ninefold more proud today
Of my origin, as, undoubtedly,
A German will be to the entire world
What Akhenaton was to ancient Egypt!
HERMANN.
I can't help noticing, *Führer* –
If one was to remove the gauze from
Twenty-seven soldiers like these,
And stretch it out left of Berlin,
One could tie a ribbon, albeit
An entire day too late, around
The Brandenburg gate's architrave!
ERNST.
You were right to claim, Adolf, that
'Reichswehr' is not the right word.
Employ two men like Goebbels
And, you'll see, with 'Zombiewehr'
You'll conquer the world with threats of contagion!
JOSEF.
My *Führer*, you are too prone
To putting up with fools for a lark.
But I will tell you, and my tongue,
Thank God for that, is my best tool,
That with the Hermann we already have,
Should, of course, our science develop
To such an unthinkable degree

To enable the construction of an aircraft
Large enough to receive such a load,
You'd wipe out of the face of the earth
The entire Russian military force.
But, if you decide to listen to me,
And if you, like I, strongly desire that
No flowers ever bloom in Russia again,
That their minerals all decay,
Then dispatch another aircraft,
For one is, for two such blokes,
You'd agree, inadequately small,
And engage our good Ernst as a shell
On the desired spot in Siberia.
That would make you happy, too;
But I would still be
Twice as happier than you.
HERMANN.
Josef, you keep repeating that – twice, thrice, ten times…
By God, *Führer*, I already see it in my mind –
Two genuine camps, two kings, Germans divided
On the eve of a battle – to each their own.
I admit, I would find it quite hard
To be thrice on your side
Against an opponent like Goebbels!
ADOLF.
Very funny! But still you'd pick your side well.
Josef, you really would be better off
To hurry and inform of this
That foolish Minister of Justice,
Before I stuff you like a bird.
Look, Ernst has taken it seriously:
He puts on protective gloves,
And a mask on his scorched head.
JOSEF.
Beware of those swellings.
I regret to have to leave you alone.
I salute you!

[JOSEF exits.]
ADOLF.
Ernst, you too can observe *now*
The course of the preparations
For our glorious units' jubilee celebrations.
ERNST.
By all means, but I need to have
A few words with you, Adi. How do I begin…
ADOLF.
Not from the beginning. The things
You know are no mystery to me.
Haven't we from day one been
Two nostrils of the same nose?
ERNST.
Even better. You know me
Just as well, I reckon,
As I know you.
ADOLF.
That is correct!
ERNST.
We're soldiers, but you're a better one,
For you can say what's on your mind.
On the other hand, my fist was to me
The nerve ending of my every train of thoughts…
ADOLF.
That I know; damn right!
ERNST.
I've never practiced my speech to
engage the mob.
ADOLF.
A prison's the perfect place for that – spot on!
ERNST.
That's why I find it all the more
vexing when you cut in on me.
ADOLF.
I won't do it again!
ERNST.
So, let me put it this way…

ADOLF.
You the mouth, and I an ear
on the same head!
ERNST.
Cut it out! Please,
will you stop it!?
ADOLF.
If I turn into a fly,
Hermann, feel free to
Smack me on the head.
ERNST.
Well, that Himmler fellow…
ADOLF.
I know! You wish he were
Here now. Then you'd be
The Three Little Pigs, and I
The Big Bad Wolf!
HERMANN.
[To ERNST]
Equivocate, but say it all!
ERNST.
Here, I'm laughing now,
But time keeps robbing me of
Seriousness. It keeps me awake
At nights, it haunts me constantly.
If you only knew what troubles
Made me talk to you now
Differently than back when
We fought side by side, when,
Taunting some dark force,
We joked, even in the face of death,
Which, I must repeat,
I do not fear.
ADOLF.
What troubles you, my dear
friend?
ERNST.
A truth I cannot

Comprehend. Kurt
Revealed it to me here,
In Berlin, but I need you,
Adolf, to confirm it.
ADOLF.
I would go to the edge
of the world to ferret it out
if I didn't know it.
ERNST.
Very well, because I will need
An unequivocal answer to this:
Wasn't only yesterday
The seat of the deputy chief of
The "secret" still empty?
ADOLF.
So, Heinrich weighs
Heavily on your mind. Verily,
I seem to see an ill omen hanging over him.
ERNST.
Adolf, so far I've considered you
The first among the righteous.
But, if you decide to measure up again,
You will see the actual danger
Rushing back to its benefactor
And creator, in other words, inching toward – you!
ADOLF.
What, can really one unsound judgment
Undermine a decade-long joint undertaking?
Can the seed of discord surreptitiously
And vilely sneak into an oak grove?
Forgive me, my brother, please do.
If I'd only known that the scope of work
Could lead one to make such nasty mistakes,
I would have left the task to some
Lesser laborer.
HERMANN.
I personally find it, Ernst, a bit odd
That the snake is afraid of the egg.

ERNST.
I got everything off my chest.
Now let all things run their course.
ADOLF.
I am shaken by this revelation.
I'll have him strangled like the Turks.
ERNST.
I most sincerely did not want
To turn it into a scandal.
[ADOLF exits]
ERNST.
[yelling after him]
I repeat, may your every step
Be led by your conscience.
Heil Hitler!
HERMANN.
May you live long, Ernst!
ERNST.
What are friends for, anyway?
HERMANN.
You are my loyal friend indeed,
But by aiding me today
You may be digging your own treacherous grave!
ERNST.
What do you mean – for aiding you?
HERMANN.
By removing my powerful adversary,
You made an ever grateful aide of me;
But things that I overheard
And was dumbfounded by recently,
Before that rascal, Goebbels,
Caught me eavesdropping at the door,
Do not promise to either of us the prospect
Of a peaceful, long service to the *Führer*.
ERNST.
But, why? For you, it's understandable, but – me!?
We're old friends, he and I,
We fought battles ever side by side.

HERMANN.
That is true, but there is something more.
I overheard another conversation
At that door.
ERNST.
All right. So, what now?
HERMANN.
It's the *Führer*'s intention, and let's hope
That he will deplete his wrath
On Heinrich, that scoundrel,
Who will, having helped me catch swiftly
And quietly that gang of arsonists,
In his final hour drop the credit for it
Like a feather into my hands;
It's the *Führer*'s intention, I say,
To remove anyone who shows any
Fear and opposes his will!
ERNST.
O, wretched man, but that was me!
HERMANN.
Don't succumb now, my dear Ernst,
To fear-induced hysteria.
ERNST.
It's easy for you to say, Hermann,
Considering you were slyly reserved until now!
HERMANN.
Before you continue with your insults,
Remember you're hurling them at he
Who, loyal and fair, just became
Till death indebted to you.
ERNST.
Till death!?
Are you glad, you spawn of Judas,
That your debt will last but two days?
HERMANN.
Fear is vile, but what a trial
Is the sight of a man afraid!
I offer to pay all your debts,

As you cuss me and degrade!
ERNST.
I tell you, through my impatience
You succeeded in making the repayment
Appear about tenfold larger
Than the debt! Speak, then!
HERMANN.
Though it makes me sad to know what
You think of me, I'll get straight to the point:
With a single, minor effort, you
Could get everything in order and
Expect eternal gratitude for the rise
Of the Reich and the *Führer*'s effort. Then
Both you and I will be in the *Führer*'s service,
Impeccable, with all the accompanying honors.
ERNST.
Speak, then – what's to be done!?
HERMANN.
Luckily, there is a wretch
By the *Führer* more reviled.
I heard with my own ears
The wrath of our leader roused by the foul
Defiance of that treacherous dog.
ERNST.
Name! Give me his name!
HERMANN.
Dollfuss, the Austrian Federal Chancellor.
ERNST.
It is on you to prepare my illegal
Border crossing. If I encounter
Any difficulties along the way, with
My own hand I'll end you, not him!
HERMANN.
That much at least I owe you, I guess.
ERNST.
The world will never see a swifter,
More just flurry of revenge,
Knowing the fact that all the boldest

And cleverest feats are at full throttle.
Vengeance will catch up with him today:
In the opera house, the street or the brothel!
BLACKOUT

SONG 03.
INSCRIPTION. SONG "THE BRANDENBURG KING"

The Brandenburg king has proclaimed
In an austere decor:

"Every person, everywhere, is
To be considered poor!"

And all the treasures of the peers,
All the truly bountiful years

All that one dreams of and holds dear
Must not be enjoyed – is that clear?

The ruler looks so resolute
As his firm voice does soar.

"All here must accept the ever-
Lasting state of war!"

You sacrifice your first-born son
When the fatherland's overrun.

He who his soil will not defend
Cannot be buried in this land.

The Brandenburg king has handed
Over a bitter pill.

"Those who won't scrimp and save will have
To persist somehow still!"

Cows, bulls, sows, hogs – all of them sing

All the fish and poultry take wing

*As potatoes, leeks, and grasses
Fell flat on their asses.*

CASTLE CHARLOTTENBURG
[HINDENBURG. ADOLF.]

HINDENBURG.
Chancellor, you must surely be aware that
This is the most difficult time for Germany.
We are facing outrageous blackmail,
Obliged to behave
As the Franks expect us to.
ADOLF.
What I'm aware of, President,
Is imminent danger.
HINDENBURG.
You know that only unity can
Make of Germany again
A world power?
ADOLF.
I know. I know that well.
HINDENBURG.
And you know that for the Chancellor
I chose my long-time adversary – you?
ADOLF.
I know, President, God bless you. I do.
HINDENBURG.
Not out of love, but for the sake of unity.
Now, my battle companion, and your peace-time
Friend, told me a thing that surprised me.
As I near my dying hour, a new thought in me is roused
By a letter warning me of you.
ADOLF.
You are made of steel and will live long.
God forbid…
HINDENBURG.
And he's a hero and a great strategist.
ADOLF.
I dare say that such a hero is
Sufficiently similar to me.
With morons, resourceful as he is,

He can discuss for hours music, ballet;
In a conversation with imbeciles,
So to say, he aptly tackles topics
Of football or war.
HINDENBURG.
If I understand correctly, Chancellor,
You call the top tiers of German society
The vilest names, without shame,
Evidence, or code of etiquette?
ADOLF.
My words are soundly based.
For man likes to talk the most
Of things in which he does not partake,
Of things beyond his reach
Passing by him like glowing comets.
He would only like to observe;
As if he were a deity on watch.
However, when things take
Too serious a turn, he attempts,
With his wise and strict word and
A harsh condemnation of a *fait accompli*,
To erase from the others' memory
The sweet action's delightful essence,
And turn the world in the opposite direction –
Toward building a society without the defeated
One in which no one is victorious.
As if it were merely a single powerful word
That destroys once and for all
All previous words, or rather – deeds.
HINDENBURG.
And that little man, if I'm not mistaken?
ADOLF.
No, you are not, it is precisely he.
He would easily get under everyone's skin,
Place his buttocks on the coveted throne,
While without shame and effort he'd appropriate
The credit for forgotten heroic feats…
"Injustice!" is not a traitor's word

If it comes from the mouth of one
Who fought for justice alone.
HINDENBURG.
But no, as God is my witness,
For a long time Germany won't see
Such injustice, such humiliation
To which lesser peoples are inclined!
At least not for as long as
Prussian chivalry lives!
ADOLF.
And as long as the stirring wheel,
Though the vehicle still is
Overloaded by too many passengers,
Is handled by men such as you and I,
As well as the youthful spirit of old Ludendorff,
To whom innumerable years and frailty
Have brought both suspicion and distrust.
BLACKOUT.

ACT THREE

CASTLE CHARLOTTENBURG HALL
[The SOLDIER replaces the curtain on the window.]

[LUDENDORFF enters from the left.]
LUDENDORFF.
Here I am. You brought everything, is that so?
SOLDIER.
Everything you asked: a purple curtain,
A piece of cloth and a bucket of water,
Two uniforms, two pairs of new military boots.
LUDENDORFF.
And a knife? Where's a knife?
SOLDIER.
I forgot about it! Here's
My sword.
[The SOLDIER struggles to unsheathe his sword, which is stuck.]
LUDENDORFF.
That bastard will finish his conversation with
The President before the English arrive!
[The SOLDIER slashes his palm.]
LUDENDORFF.
You dumbbell! Now go and
Wash the blood off your hands!
Leave that sword; it suits blood-caked
English hands, not yours.
[The SOLDIER sets down the sword on the floor and exits to the right.]
[LUDENDORFF exits to the left, then returns.]
LUDENDORFF.
No sight of them!
[looks to the right]
I knew it! There's the bastard there
with the President. All's ruined
beyond repair!

[LUDENDORFF hides behind the curtain.]
[WINDSOR and MARLBOROUGH enter from the right.]
MARLBOROUGH.
I'm afraid, Hal! We've been
Wandering down these halls so long, and yet
We haven't seen the purple curtain.
WINDSOR.
There it is! Oh, God, look.
Blood and a sword!
MARLBOROUGH.
O, joy! So, no German will ever
Miss the inevitability of punishment.
Let's get out of here!
WINDSOR.
No, Jackie boy! That is
None of our business. Today we
Will assassinate Adolf! That is
Our only present concern!
MARLBOROUGH.
What if he's already…
LUDENDORFF.
Oh, it's you!
MARLBOROUGH.
Behind you, Hal! Something's
moving!
[MARLBOROUGH stabs LUDENDORFF with a sword.]
[WINDSOR opens the curtain and sees LUDENDORFF dead.]
WINDSOR.
You stupid, drunk, little traitor!
MARLBOROUGH.
Hal, I swear I thought it was…
WINDSOR.
You wretched man, that was the Field Marshal!
What goes on inside your head, when
Half of its heritage comes from the lineage

Of which "The Tiger" once spoke,
And I fully agree with the French fellow that
From the state of pure barbarism, without
The common period of civilizational
Transition, the lineage easily turned
Into a community of degenerates!
MARLBOROUGH.
Kill me with this sword, but never
Speak of my mother, ever again!
WINDSOR.
And I'll kill you, for only blood
Can compensate for a pointless trip!
But first clean up this mess,
Remove the corpse, and only later
Can you hope to die like a man, for
I swear, you were not cut out for
Life, or for work.
[MARLBOROUGH wraps LUDENDORFF in the purple curtain.]
[The SOLDIER enters from the right.]
SOLDIER.
Shh, fellows! Has it all
Been done already?
WINDSOR.
It is, soldier, but that is
Not all.
SOLDIER.
Go change, and I will finish
All that has to be done.
Is the Field Marshal content now?
WINDSOR.
The Field Marshal will be at peace from now on.
[WINDSOR and MARLBOROUGH put on their uniforms.]
[The SOLDIER wipes the blood off the floor.]
SOLDIER.
What a day! I hope the Field Marshal
Won't punish me too severely

For my little accident at work, eh?
MARLBOROUGH.
I bet that he won't bat an eye.
[WINDSOR and MARLBOROUGH lift the wrapped LUDENDORFF.]
SOLDIER.
Please, when you meet him, put in
A good word about his soldier.
WINDSOR.
We'll speak to him as long as
He's able to hear our words.
[WINDSOR and MARLBOROUGH head to the left.]
SOLDIER.
Thank you, good people. Give my best
Regards to all the Englishmen!
[WINDSOR and MARLBOROUGH exit, carrying LUDENDORFF.
The SOLDIER hangs the previous curtain.]
[ADOLF enters from the right.]
ADOLF.
Good, very good, soldier!
SOLDIER.
My *Führer*!? I salute you! I've got nothing to do with it!
ADOLF.
But you have.
To be frank, I am pleased,
The President is still, and you,
Soldier, are up for a higher rank!
BLACKOUT.

EDEN
[GOD. SAINT PETER. CHERUB.]

SAINT PETER.
Talk to me, O Lord!
Speak, I pray to You and put an end to

The human whim!
CHERUB.
Be calm, Peter, clear your mind,
Your sense was growing dim.
SAINT PETER.
Why, O Cherub, would I not
Hear the Word, if I already
See the Light, Feel the Love?
CHERUB.
Here, talk to me, although I
Am a perennial listener, just like you.
SAINT PETER.
Fair angel, eternal love
Rules over you, I know. But with
That love you're blessed
As only an angel can be possessed.
CHERUB.
If you are filled with joy, your joy I'll embrace
As if it were truly my one saving grace.
And if your heart, Peter, can now only grieve,
I will be the love that torment can forgive,
I will be the word of God, gravid with hope,
And the air that can defy the boundless scope,
The fire that awakens the words to intone,
The earth and water residing in your bones,
The thought you desire to think, pure and true.
I will be, o Peter, just the same as you.
SAINT PETER.
All the Creator's secrets we know,
O Angel, only you and I, but *lo*
Nobody but you can assess
The state of my mind.
CHERUB.
I also have ears, and I am
Willing to hear.
SAINT PETER.
In my ethereal body human
Fear resides. Does my vengeance unleashed

Upon the wickedness tell God that I
Am wicked no less?
CHERUB.
To love the Good well – it is all the same:
To love Evil badly – a somewhat lesser claim;
To love the Good badly – is to be insincere,
To love Evil well – to be inclined to sneer;
To hate Evil badly – to show your wicked side,
To hate the Good well – to act with shameless pride;
So it is all the same – as you can tell:
To hate the Good badly and to hate Evil well.
SAINT PETER.
[quietly]
Is this silence a contempt of my design
Or a secret smile whose nature is divine?
BLACKOUT.

MUNICH BEER HALL
[ADOLF. HEINRICH.]

ADOLF.
They think me insane, so
My thinking well works.
HEINRICH.
Führer, no one here but you
Thinks, and I readily put up
With your quirks.
ADOLF.
No, your attitude I hold in highest regard.
All I've got comes from your hands
Into mine. And those are
True loyalty and hard work. Why would
The words of such a thinking man
Be omitted as my struggle perk?
HEINRICH.
To me, Rudolf's sacred words have
Been a tremendous mental strain;

Yet I have formed some conclusions,
If only you'd lend me your ear again.
ADOLF.
The confidence of your thought
And the calmness it instills
Builds the strong trust that in you I've got.
But, before you pronounce the name
That thwarts full German unity,
And throws all our values out the window,
Tell me, who is here feared the most?
HEINRICH.
Ernst is seen as Satan by many here,
For he has the habit of saying
That Bavarians are the best fellows.
ADOLF.
Good; so, they fear one of ours,
And precisely one with great powers,
The very best among us, astute,
The one who right here in Munich
The most Luxemburgists did execute!
And not a single state is meant to be
Left to one who, with a haughty attitude,
Demands of people goodness and gratitude,
Believing in trustworthy people allegedly.
I am listening. Tell me what is on your mind.
HEINRICH.
Ernst is the traitor, a venomous snake.
ADOLF.
And that's the thanks I get!? Trust does make
Humans into animals, a slave into
A master in control of everything
Except his words, just like you now!
Is it only natural for you to say
"Hermann is a traitor!" and thus repay
Him for all intrigues, lies to your face,
And crown it all by taking his place!?
HEINRICH.
I only speak my mind, and

Mind what I speak.
ADOLF.
If I could reverse time, I would seek
An answer, I would try to reason –
Now, when you know that the man was my friend
And ally – who would you, Heinrich,
Blame for high treason?
HEINRICH.
Ernst Röhm, a man for all seasons.
ADOLF.
Why!? If you were in the know,
Your tongue would steer clear
Of the valiant name that at no
Time conspired against his *Führer*.
So now, can you tell me how come
You call the most loyal man scum?
HEINRICH.
The harshest punishment for the harshest accusations,
The harshest accusations seek the strongest evidence.
I am the first soldier of your sacred formations,
And reason embarks on the trail of justice thence.
Apart from you, the right of our race I do defend.
I spread your good reputation all around the world.
And if I were to fail, that would mean, I understand,
That to all your efforts I've caused damage unheard.
If the real state of affairs eludes my brain,
That would put, my *Führer*, a rope around my neck.
But, as I die, a new knowledge you will obtain –
That Ernst's single action that was not kept in check
Has added much malignancy to those out-of-place
Voices that continue to besmirch the German race.
ADOLF.
A flawless soldier's act whose motive's hard to
determine?
HEINRICH.
He has murdered Dollfuss, a full-blooded German.
BLACKOUT.

SONG 04.
INSCRIPTION. SONG "THE WOLF, THE SHE-WOLF, AND THE HARE"

Animals can show us the state that we are in;
And both wolves and hares can provide a picture clear.
At times it is truly better to save your skin
Than to pay a price that is too steep and severe.
Such things occur all the time to folks, far and wide.
For instance, there's the Wolf, a film buff, our old friend,
Obsessed with a flick that was acclaimed on all sides.
He took his lady to the movies by the hand.
"This one's really special!" his voice quivered and dropped,
"The whole wide world is dumbstruck by the actors' skill!
There are two Asian chaps fighting – to sum it up –
And everything ends with a full-blown overkill!"
"I despise violence!" the female voiced disdain,
"But, I'll give it a shot, even if it's quite foul
And despite the fact that I hear my stomach growl
While that Hare is selling snacks, all those seeds and grains."
"Are you all right, darling? Your face is pale,"
The Wolf was concerned as his wife looked frail,
For we all know wolves' habits and conceit
And that they subsist on diets of meat.
"You don't understand me," the She-Wolf said,
Squeezing the words out through her lips blood red,
"My stomach and I have come to a deal
That the Hare's enough for a decent meal!"
"But, this is not our wilderness, where we
Ambush our prey in a shrub or a hole.
Here the butcher's in charge of butchery,
Cities are domains under man's control!"
The She-Wolf dismissed all his words with ease.
"When love is real, one gives one's best to please.

They are not ashamed to show, if they can,
What it takes one to be a real man."
The Hare, meanwhile, felt a strange sensation
And, having pricked up one of his large ears,
The lovers' quarrel he did overhear.
Before the end of the conversation,
He hopped languidly off, leaving behind
To the wolfish couple his merchandise,
Vanished in the woods where he's hard to find,
And so the tale ends without his demise.
Now, just try to imagine, although it's absurd,
If tempers in she-wolves and women were the same;
Then all the crimes committed in the human world
Would be tokens of love, and not signs of shame.

A CAVE
[HECUBA. MARLBOROUGH descends the cliff.]

MEPHISTOPHELES.
[offstage]
When in universal contempt you are outcast
And see that life is an irreparable ill,
When your thoughts are elsewhere, while a hideous crime
You've committed has destroyed your reputation,
To me, that's a token of your dedication,
Whereas mine becomes apparent at the same time.
If you feel a thirst for vengeance then, and you will,
Allow your wrath an impartial judgment at last,
Do not disavow any friendly assistance,
Do not push away a hand offering you pearls,
Into a wishing well toss a coin from your pittance
And watch how the most sumptuous dream then unfurls.
Come to my abode – to the cave that is my home,
Where we await you keenly underneath its dome.
[MARLBOROUGH is at the bottom of the cave.]
HECUBA.
You lucky man, one of the breed
That voices of the sky can heed,
We would only like to inquire
Of the nature of your desire.
MARLBOROUGH.
Who are you all? Whose voice has led
Me here, urging me e'er ahead?
HECUBA.
That's a voice within; it's not without or
Something that you've never had before.
It's brought you over here, injured and in pain,
So that by the morning you'll be whole again;
To realize whether you want to be cured –
That's why your voice is still rather obscured.

MARLBOROUGH.
I *am* sad and dejected because
Of an insult rather mundane.
I want no revenge, though I was
Honored by the praise I obtained.
HECUBA.
Did you just decide to downplay
The insult to your mother's name?
Do you prefer rainstorms that flay
The seas and oceans that are tame?
MARLBOROUGH.
'Tis true; but who are you, I wish to learn,
And what do you expect in return?
HECUBA.
You are well known for your ingratitude,
You ask questions when things should be pursued.
Seek not causes, find purpose in your life.
MARLBOROUGH.
May my dear Windsor find himself a wife
And may they have together many sons
(If that's the reason behind all my woes).
And I dearly hope that all the young ones
Will resemble me right down to the toes!
HECUBA.
It will be done.
MARLBOROUGH.
I try to remember, it does appear
It was the very thing that brought me here!
I desire to see it, and now
I'm eager to know when and – how?
HECUBA.
You'll soon perceive its effect instilled,
As another condition's fulfilled:
That deep guiding voice, under its breath,
Asks you to send someone to their death.
MARLBOROUGH.
Tell me where he's supposed to be right
Now, because I will shoot him on sight.

HECUBA.
Ask no more, the voice will be your guide
And lead you to the turn of the tide.
BLACKOUT.

ACT FOUR

MUNICH BEER HALL
[ERNST. HERMANN.]

ERNST.
What are you doing here?
HERMANN.
I've come alone. Do you
Want me to leave?
ERNST.
I won't insist.
HERMANN.
What's the matter? Why are you still
So glum? Weren't you, Ernst,
The one who found the traitor
And put an end to his
Treacherous deeds?
ERNST.
For my permanent street
Battleground, as luck itself
Chose me to support,
And all my mindlessly daring feats,
Who will ever give me a reward?
HERMANN.
Ha! You understate the scope of information
Of a man as informed as I! The
Führer himself invited you over
Your public position to solidify.
ERNST.
That scares me so. Where in the world
Prizes are given in beer halls? Absurd!
HERMANN.
Nowhere in Germany is there a place
Of a greater tradition. In any case,
The *Führer* won't allow the sacred nest
Of our rebellion to be forgotten and defamed.

And by extension, he will preserve your name!
ERNST.
Where it all began there's still to unveil
The happy ending of a fairy tale.
HERMANN.
Do not speak so, do not find mistakes.
There's nothing heroic about it in the least,
It's an inferior courage with nothing at stake
Leaving a nasty trail in its wake. You didn't
Think of your rather unfortunate fate
When in battles you waded through the corpses
Of your friends! How can he be
Afraid who swore to preclude the
Threat of war?
ERNST.
That's verily so! Let everyone be filled
With fear if deeds do not follow their words. Fine,
Now let me claim what is rightfully mine.
HERMANN.
May all evil ways have an
Evil epilogue!
[ADOLF enters, holding a gun pointed at ERNST.]
ADOLF.
[To ERNST]
You're under arrest, you rogue!
[MARLBOROUGH shoots from a distance. ERNST is shot, and he falls.]
ADOLF.
Who did that!?
[ADOLF, angry, exits swiftly.]
HERMANN.
Remember Ernst and run to Berlin
As your chances here are wearing thin!
BLACKOUT.

THE CAVE
[HECUBA. WINDSOR descends the cliff.]

WINDSOR.
O Infernal servant of treacherous design,
I give you my word that you will be first in line,
Because you have, in a feat utterly obscene,
Trampled on a friendship that was perfectly clean,
You will be the first among firsts whose earthly form
Will be offered and dished out as a feast for worms!
You thought you were as fast as anyone, but you'll
Find that faster is he whom Jack takes for a fool.
[WINDSOR is at the bottom of the cave.]
WINDSOR.
I'm here, Jack, now show yourself, I implore.
HECUBA.
Do not disturb my sleep, you evil visitor.
WINDSOR.
How can one hope to describe
Such exquisite beauty?
A woman like this I have
Never thought I would see.
HECUBA.
Skip the platitudes, do not fear,
Tell me what troubles brought you here.
WINDSOR.
I can't remember. My mind is set
On your beauty. 'Fore I did forget
Why I came here, I'm certain I had
A clear goal that lured me ahead,
I don't know why, but I do know who
In my mindless pursuit I've come to.
HECUBA.
Me. Who sends you, what possible end
He promised for your journey at hand?
WINDSOR.
I remember! He promised to me all
Treasures of the world; this is what he said:

"Of all the places, that's where she must be.
Nobody can sense the Moon more clearly
Than the sea rushing ashore and then back.
Just like steam ever heads straight for the sky,
Caves are where all the honey-lovers lie,
While black's embraced by a spirit that's free.
And here by your side, O empress of will,
I too will taste honey's delicacy."
That, O gorgeous lady, must be your role!

HECUBA.
I am outcast and despised
By all.

WINDSOR.
Yet such a mature woman! Of the kind
That only we bachelors seek and find
It is a matter of chance, but maybe
A woman and a man's happiness is
Just within reach, lady.

[HERMANN, ADOLF, HEINRICH and JOSEF descend the cliff.]

HECUBA.
Well, all right. With all that desire,
What a woman like me can hope to say.
I won't resist, for you remind me of
Someone that ever so deeply I love.
The bed awaits us with sheets spick-and-span.

WINDSOR.
Such a divine honor for a plain
man!

[HECUBA and WINDSOR exit.]
[HERMANN, ADOLF, HEINRICH, and JOSEF are at the bottom of the cave.]

HERMANN.
If God is Love?

ALL
We won't stand each other.

ADOLF.
If God is the Word?

ALL
With silence we will smother.
HEINRICH.
If God is Light?
ALL
He makes us all black.
We are in charge of ourselves,
There's no turning back!
JOSEF.
If God is a State?
ALL
We are diligent.
HERMANN.
If He is Action?
ALL.
We're static by intent.
ADOLF.
If God is Steel?
ALL
Cotton is our name.
HEINRICH.
And if He's the Air?
ALL.
We are the earthly frame.
JOSEF.
If God is Vice?
ALL
We'll follow chastity.
HERMANN.
If God is Fire?
ALL
Then water we will be.
ADOLF.
If God is Value?
ALL
We all idle by.
HEINRICH.
If God is Evil?

ALL
With goodness we comply.
JOSEF.
If He is Diligence?
ALL
We abstain from work.
HERMANN.
If God is Laziness?
ALL
We readily perk.
ADOLF.
If God is a Secret?
ALL
We'll be the good news, no less.
HEINRICH.
And if God's a Stupor?
ALL
Then we'll be awareness.
ADOLF.
Let us begin!
HEINRICH.
Ite, missa est.
BLACKOUT.

SONG 05.
INSCRIPTION. SONG "THE GAGLOW DUCK"

A certain merchant from Jänschwalde
Has lately bought a duck,
Now he's off to the Gaglow square
Where he's to try his luck.

At the square he arrives at last,
Short of breath, as he holds
In his plump hands a tied-up duck
That's ready to be sold.

This duck lays large nuggets of gold,
This duck plants flowers manifold,
This duck has cellars full of wines,
This duck makes threads into strong twines,
This duck speaks in several tongues,
This duck can groom and preen so long,
This duck goes hunting aboveboard,
This duck sings paeans to the Lord,
This duck does mine and extract ore,
This duck harvests spuds and much more,
This duck reads fairy tales, insooth,
This duck keeps its hair neat and smooth.

His eyes, 'til then transfixed upon
The sky, fall to the ground,
As he realizes that the
Duck's nowhere to be found.

From amidst the gathered locals
All equally nonplussed,
A Gaglow bloke firmly steps up
And proceeds to speak thus:

If that duck keeps its hair neat and smooth,
If that duck reads fairy tales, insooth,

If that duck harvests spuds and much more,
If that duck does mine and extract ore,
If that duck sings paeans to the Lord,
If that duck goes hunting aboveboard,
If that duck can groom and preen so long,
If that duck speaks in several tongues,
If that duck makes threads into strong twines,
If that duck has cellars full of wines,
If that duck plants flowers manifold,
If that duck lays large nuggets of gold,

Is it any wonder that eventually
From its restrains it will manage to break free?

CASTLE CHARLOTTENBURG
[HINDENBURG lies on the bed. The DOCTOR gives him an injection.]
[ADOLF enters.]

ADOLF.
[To the DOCTOR]
What is the weather likely
To be like today?
DOCTOR.
The meteorologists are doing
Their best. If a dove has wings
Still, its flight has left
The sky for the mud, so to say.
HINDENBURG.
[getting up]
Chancellor! Please, come, don't be a stranger.
DOCTOR.
[To HINDENBURG]
Your getting up poses a potential
Danger.
HINDENBURG.
No soldier is to be seen by another like so!
[falters]
[ADOLF and the DOCTOR place HINDENBURG on the bed.]
HINDENBURG.
[To the DOCTOR]
Then off you go!
ADOLF.
[To the DOCTOR, quietly]
While you fill it to the brim!
[DOCTOR exits.]
ADOLF.
It'll be fine, just rest, try not to
Move a limb.
HINDENBURG.
How can I be possibly still,

Like this, lying in bed, ill,
And old, while the fatherland's
On the brink of the abyss!?
ADOLF.
Things have improved to a significant degree,
They are not nearly as bad as you might see.
HINDENBURG.
If God would give me another year
To lead my mission to its natural
conclusion, or at least until my
Mandate is through. But, no.
Dear God will take me today.
And Germany will be enslaved,
By Europe, itself, and woes of its own
Until, by some miracle, a soldier so brave,
A greater German than me, will be born
And dedicate his life to fighting for freedom.
And until you, Chancellor, to yourself assign
The gold scepter of the Hohenzollern line,
Cover your forehead with a glittering crown,
Ready your weapon and await the trumpet's sound.
ADOLF.
I'll be the warrior greatest of all.
As long as there's a single German drop
In my veins, I'll not be able to fall,
I will never be tempted to stop.
*[The DOCTOR enters. He gives an injection to
HINDENBURG, who does not move.]*
HINDENBURG.
Yes, my son, but you should indeed
Match the good to each evil deed,
For evil tongues will follow you
Waiting to see your plans fall through.
ADOLF.
Our frailty has been examined on end
By those who write in a steady hand.
HINDENBURG.
I hope that those who write just may

Not slow you down much on your way,
Oh, what a flame can accomplish in a day.
May God give you a long life, *Führer*, and...
[HINDENBURG dies.]

ADOLF.
Amen!
BLACKOUT.

CASTLE CHARLOTTENBURG
[GOD. MEPHISTOPHELES.]

MEPHISTOPHELES.
Enough with the banter about the slaughter – slay!
If you don't slay – you will be slain!
Slay, you who claim to have never slain;
Or you who weep for your slain kin!
Slay or not, you have slain: a fly
Or the world entire, it's all the same.
There, you can begin your slaughtering spree!
You know where you should slay, so – go berserk!
The voices of those not slain fully are loud...
They speak clearer and more dreary
Than all those fully slain combined.
Even louder are those who have
Never witnessed a slaughter!
Their accounts are more chilling than
Those of the actually slain!
So don't be sloppy – slay with all your might;
Don't be timid – when you slaughter, do it right.
Slaying is not just a passing quirk.
Slaying avenges slaying, a slaughter
Is how one repays the debt.
So – slaughter, so there'll be less slaughter,
Slay, so that there are less arms that slay,
And less throats that by slaughter would slay us,
Who have slain and been slain,

So that there would be fewer of us...

    MEPHISTOPHELES.
Where is now your God, who this poem
Mysteriously composed? Where is he?
Why is he reserved? Why doesn't he speak
So that his parlance is clearly heard?
Is he on my side or yours?
You rule the world, so whose word
Is to decide I should rid you of him?
Does that gentleman in the first row
Agree with me only on a whim,
Whereas the one who's willing to show
Loyalty shows that he is just dim?
Is man an animal, like an infant?
Does every soul not have a sense of pride?
Should God's face now be revealed through and through?
The Lord is never quiet and distant
When he who should listen chooses to hide.
I'm your God – "verily I say unto you!"
The question is – are you able to deal
With the knowledge that you seek to reveal:
Is vengeance wreaked by a man alone,
Or the divine revenge claims its own?
    GOD.
Restrain thy filthy tongue, you venomous snake!
What I've to do with you, I can't do without.
Repay God with love devoid of any doubt
(Being tame and meek is still one of your skills)!
    MEPHISTOPHELES.
O, thank Thee, Almighty; indeed I am
The only one lucky to breath the air!
I'm sorry, but jest's part of my nature.
No one but you knows why such is my flair.
I greet the Sun joyously, that big wheel
Crafted by your noble and skillful hand!
How is someone who has no love for you

Such a creature like me to understand?
GOD.
That's enough, Angel. Speak no more.
I do not thirst for such praise,
But for a man who can speak so
(Yes, he's to speak like that always),
Out of love that he can at all times find in me.
By giving myself thus, I live eternally.
MEPHISTOPHELES.
But, does it not strike you as a surprise
That people conceal you from human eyes?
GOD.
You know Peter well. Pride does not let him
Leave me. Even in dreams I have met him,
Therefore only here and now, on Earth, can
I tell you what God's to expect from a man.
Do you think me cruel?
MEPHISTOPHELES.
"Flesh stays no father reason". But – that has to be done.
GOD.
I have no choice. Once upon a time
I established the Law; however
Humans chose to eagerly pursue
Lives brimming with dismay
Tests, results, analyses and – disarray!
You have done well, and now it's my turn
To repay you, O servant, in divine kind.
MEPHISTOPHELES.
And serving you I never did mind.
Neither when some creature's
Night on Earth I could extend,
Nor now that I should pay in the end,
I find no reason to have regrets.
I feel but delight! Based on your
Providence, you've made me just right.
I am not a human so it would be otherwise…

GOD.
But a human, despite being the weaver
Of their fate, steers not their life in full measure.
MEPHISTOPHELES.
Yet that usurper, who is called a human,
Is able to enjoy all the worldly pleasures.
GOD.
He can, but doesn't have to.
MEPHISTOPHELES.
Those words of yours ring in my heart so clear!
GOD.
There's really nothing and no one like him here.
MEPHISTOPHELES.
For the longest time your divine love I did know.
GOD.
They wanted freedom! So on them I did bestow
The capacity to search, to covet, to take.
MEPHISTOPHELES.
And thus you have created a humanlike snake.
GOD.
You are not unique. Man has the ability
To insult and be insulted with cruelty,
To hide and pretend, in a silence daft or wise,
To revenge like God, like the devil to despise.
MEPHISTOPHELES.
If man's such a nasty creature
That can make the devil quiver,
What are then the human traits that
Goodness in this world deliver?
GOD.
They are neither what they appear to be.
People gladly proceed to shake that tree
When they crave its fruit. But they do not know
Their apple was gone a long time ago.
Their food's merely a replacement for food.
MEPHISTOPHELES.
Why do you think it a necessity
That the human race should suffer for good?

GOD.
Such is, I would say, their own destiny.
The time has come, and that's all I know,
That Peter's to decide which way to go.
MEPHISTOPHELES.
That's the entire earthly history;
The human mind has but one mystery –
Pondering over the subtlety
Between being freed and being free!
GOD.
Or was the great Philosopher right to
Point out that each time the Lethe is new?
MEPHISTOPHELES.
And the only thing that's certainly true
Is that this is just our weekly review,
Whose charm is to your credit, as a rule.
GOD.
And an obvious lie. And words,
Words, ah, words uttered
By a fool.
BLACKOUT.

SONG 06.
INSCRIPTION. SONG "THE RADDUSCH HATS"

It's such a peculiar custom
That we have back at home,
Such strange garbs all the women wear
When through the mud they roam!

Under their caps, with rims so wide,
The women's hair is worn
In such a way it makes one think
They have not ears but horns!

It's such a peculiar custom
That we have back at home,
Such strange garbs all the women wear
When through the mud they roam!

O, the merry wives of Raddusch,
Your caps we must borrow
To conceal the horns that you will
Grow us on the morrow!

It's such a peculiar custom
That we have back at home,
Such strange garbs all the women wear
When through the mud they roam!

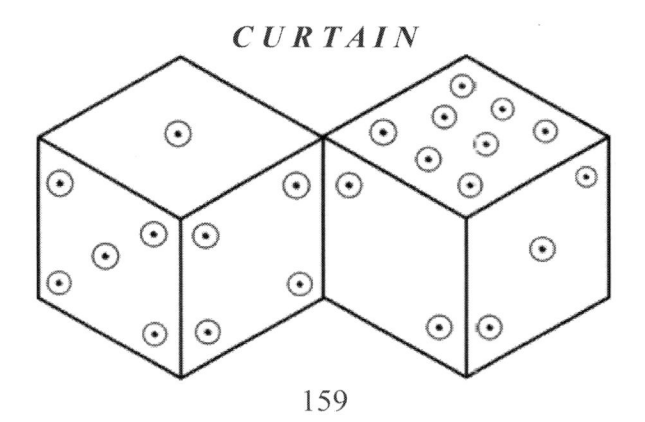

CURTAIN

DER HERRGOTT SPIELT
(Das Volksstück)

Ein Drama, welches aus folgenden Stücken besteht

MAUSEFALLE

(VIEREINHALB AKTE DES KAMPFES GEGEN LÜGEN, DUMMHEIT UND FEIGHEIT)

und ein Kabarettstück

ALLE LIEBEN ES ZU BOMBARDIEREN, ABER NIEMAND WILL BOMBARDIERT WERDEN

Autor: Boris Velkov

Der Herrgott spielt (Das Volksstück) ist gänzlich das Werk des Autors Boris Velkov, entstanden 2015 und herausgegeben 2023 auf www.amazon.com.

Mausefalle (Viereinhalb Akte des Kampfes gegen Lügen, Dummheit und Feigheit) ist gänzlich das Werk von Boris Velkov©, entstanden 2004 und wurde 2006, 2009, 2011 in der vorherigen Herausgabe und 2023 im Buch unter dem Titel *Das Volksstück* auf www.amazon.com veröffentlicht.

Alle lieben es zu bombardieren, aber niemand will bombardiert werden ist gänzlich das Werk des Autors Boris Velkov© 2015 entstanden und herausgegeben 2023 auf www.amazon.com.

Das offizielle Logo des Dramas *Der Herrgott spielt (Das Volksstück)*, welches sich unten im Vergleich zum Text befindet, ist gänzlich das Werk des Autors Boris Velkov©, entstanden 2023 und herausgegeben 2023 auf www.amazon.com.

Der Herrgott spielt (Das Volksstück)

Herausgegeben 2023 auf www.amazon.com.
Autor: Boris Velkov
Professionelle Anfragen: velkov.drame@gmail.com
Übersetzung: Miriam Mačak
Lektorat: Mladen Pavlović
Übersetzungsagentur: Prevodilačka agencija Prevodioci Libra

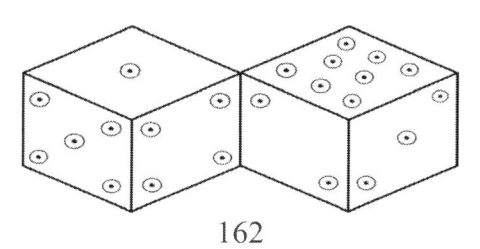

MAUSEFALLE

(VIEREINHALB AKTE IM KAMPF GEGEN LÜGEN, DUMMHEIT UND FEIGHEIT)

PERSONEN:
GOTT
Wort, Liebe, Licht oder am häufigsten, wie es Ihnen beliebt.
MEPHISTOPHELES
Jemand, der uns absolut gar nicht liebt.
HEILIGER PETRUS
Apostel, ewig alt, über wen man alles in allem wenig weiß.
CHERUB
Ein Tetramorph, ohne die Möglichkeit bei der Arbeit weiterzukommen.
HEKUBA
Eine Königin von Troja, nicht wahr?
ADOLF
Dieser junge Mann, der keinen Tabak und Alkohol verträgt.
MARLBOROUGH
Der Mann, der zwei Zigarettenmarken bekannt machte, obgleich er lieber die alkoholischen Getränke feierte.
RUDOLF
Einer der wenigen, die das Stück überleben werden.
HERMANN
"Hab keine Angst vor den Dicken…"
ERNST
…sagte Shakespeare und überlebte die Jahrhunderte.
JOSEPH
Ein Ungeheuer, aber ein familienfreundliches Ungeheuer.
DOLLFUSS
Ein selten angenehmer Diktator.

WINDSOR
Auch dieser hat sich anscheinend nicht um Tabak geschert. Vielmehr...
LUDENDORFF
Einer dieser Menschen, denen sich am Ende ihres Lebens die Gelegenheit bietet.
HINDENBURG
Einer dieser Menschen, denen sich am Ende ihres Lebens eine zweite Gelegenheit bietet, auch wenn sie mit der ersten mehr zerstört haben, als sie es tatsächlich vorhatten.
HEINRICH
Ein Idiot.
SOLDAT
Einer dieser Schauspieler, den das Publikum gerne oberkörperfrei sieht.
ARZT
Angesehener Spezialist. Daher füllig unnütz.

ES PASSIERT IM HIMMEL WIE AUCH AUF ERDEN, IN EINEM ODER 4.383 TAGEN.

*Erinnerung an den Regisseur: Ein Schauspieler kann optimal 5 verschiedene Rollen einnehmen, so dass wir die größten Ensembles unser meist geschätzten Theater beschäftigen können. Der komplette 5. Akt wurde entfernt, so dass der Text des Dramas auf das wesentliche beschränkt wurde; wodurch man die heilige Nummer 10 bekommt.

KABARETT "ALLE LIEBEN ES ZU BOMBARDIEREN, ABER NIEMAND WILL BOMBARDIERT WERDEN"

Das Quintett "Die laute Spree" spielt

vokal-instrumentale Songs
welche bei Bedarf für den "Verfremdungseffekt"
während der Vorführung dienen.

DAS QUINTETT "DIE LAUTE SPREE" BESTEHT
AUS:
LIPSK – Harmonika
TRESCHTEN – Kontrabass
CHOCHO BANGO – Violine
KOTZEBUZ und BUDISCHIN– Die Meistersänger

Das Quintett spielt die Songs von 01-06

PROLOG

TAVERNE IN ELYSIUM
/SHAKESPEARE. *GOETHE. IBSEN. PRÉVERT.*/

JACQUES:
Ein gewisser Blaise Pascal
usw. usw.
JOHANN:
Das Imitieren der Wahrheit entspricht nicht der Wahrheit.
HENRIK
Wir leben heute nicht mehr in Zeiten von Shakespeare.
WILLIAM:
Mir, der so müde ist, ist der Tod eine richtige Erholung
von den Verdiensten, die bitten müssen,
und der Nichtigkeit, welche den Triumph feiert
und dem Glauben, welche zu Kreuze getragen,
und der Ehre, die durch schweren Betrug erlangt wurde,
und weiblicher Spiele, durch Schande gekrönt,
und der Vollkommenheit, durch Fehler angefochten,
und der Macht, geführt mit schwacher Hand,
und dem Kern, welcher ein Grabessstück ist,
und der Kunst, verstummt durch die Obrigkeit,
und der Geschicklichkeit, welch' die Unfähigen lernen,
und des Guten, welche Krankheit und Böses nährt.
Die Welt weiß das ganz genau; Aber so genau weiß niemand,
wieso die Hölle im Himmel entsprungen ist.

SONG 01.
TITEL: SONG "DER AFFE UND DER ESEL"

Einen ganzen Monat denkt der Affe auf Hochtouren nach:
in was er besser als die anderen sei,
denn er ist weder schlau noch schön?
Und kommt zum Entschluss nach altem Wissen
(was ihm besonders gefällt),
dass er von allen den längsten Schwanz hat!
Der Affe also, hüpfend vor Glück,
dreht allen Tieren den Rücken zu,
lässt so alle wissen,
dass niemand das seine hat.
Dem Affen gratulieren alle der Reihe nach:
Der Fuchs, der Bär, der Hase und der Falke...
da bemerkt er den Esel, der verwirrt dreinschaut,
Und da hebt der Affe noch einmal seinen Schwanz ganz hoch.
Der Esel weitet die großen Augen,
und sein Gesicht wird weiß wie ein Tuch.
"Komm schon Esel, lass ein Kompliment verlauten!
Steh nicht da wie angewurzelt.
Was ist an mir ganz besonders?"
– Dein roter Hintern eines Affen! –
Beschämt aufgrund des lauten Gelächters,
welches bei den anderen zu hören war,
sagte der Affe ganz leise, seine Frau warte auf ihn
und er habe zuhause etwas zu tun.
Wie die Tiere, so soll auch der Mensch
seinen Ton und sein Auftreten anpassen.
Denn, wir belustigen auch dumme Menschen,
wenn wir die Näschen in den Himmel hochheben
und nicht verstehen, dass es weder Stolz noch
der rote Hintern sind, mit denen man angeben kann.
Das, was uns von der Natur gegeben,
damit soll man halt leben.
Auf einer Seite bekommen wir,

damit es uns auf der anderen genommen wird.

ERSTER AKT

EDEN

/GOTT. HEILIGER PETRUS/

GOTT:
Ach, ich Armer!
Oh, mein verfluchtes Leben!
HEILIGER PETRUS:
Sag, oh mein Schöpfer, welche Sorge
quält dich so?
GOTT:
Ach, ich bin verloren! Bald
wird der zweite Montag sein...
HEILIGER PETRUS:
Sogar neben alldem, was du
erschaffen hast?
GOTT:
So ist es, mein Apostel.
HEILIGER PETRUS:
Sollen die sechs Tage harter Arbeit
umsonst sein?
GOTT:
Sei still, Petrus, sei still!
HEILIGER PETRUS:
In Ordnung, ich werde schweigen. Sag mir aber
noch eins.
GOTT:
Was, mein Kind?
HEILIGER PETRUS:
Was ist so schreckliches passiert,
dass du den Sonntag deswegen
unterbrechen musst?
GOTT:
Ach, alles was ich erschuf
wirkt jetzt verkehrt: Demjenigen, dem ich sagte

er soll die Kinder erfreuen, überzeugte der Teufel,
er solle eine Maus malen, diese schmutzige
Art. Ist er in der Hölle lebendig?
HEILIGER PETRUS:
Kalt am Körper, heiß von
innen ist er. Ist er der Grund?
GOTT:
Das wäre noch gut; schlimmer!
HEILIGER PETRUS:
Ist es wegen demjenigen, der, aus Reue,
sein ganzes Vermögen als Vermächtnis denjenigen gab,
die es am meisten verdienten?
GOTT:
Und dieser wurde verrückt durch den Bösartigen; und jetzt
kommt jeder, der sein Preis erhalten hat in die Hölle.
HEILIGER PETRUS:
Schon wieder Mephistopheles!
GOTT:
Deswegen schickte ich Cherub, er solle ihm ausrichten,
dass er schleunigst zu mir eilen soll.
HEILIGER PETRUS:
Vernichte ihn endlich, du Einziger, denn du siehst,
dass du unglücklich geworden bist wegen ihm.
GOTT:
Oh, nein, nein, mein Apostel. Er muss leben.
Er schafft ein Gleichgewicht auf dem Himmel.
HEILIGER PETRUS:
Auch ohne Gleichgewicht, der eine Gott bist Du.
GOTT:
Ach, wie ich doch in mein eigenes
Netz fiel!
/CHERUB kommt herein./
CHERUB:
Oh, du Schöpfer der Erde, aller Planeten um sie herum
und noch weiter, der Sterne leuchtenden, die Welt,
welche die Saat Deiner unendlichen Schöpfung erntet.

GOTT:
Ist gut, ist gut, Sklave. Sprich,
wieso ist Mephistopheles nicht hier?
CHERUB:
Oh, mein Schöpfer, er käme, so sagte er, sofort
aber er kann nicht. Jetzt, sagt er des weiteren,
muss er die sechzehn heraussuchen
die sich mit vier Fingern bekreuzigen.
GOTT:
Du kannst jetzt gehen.
/CHERUB geht hinaus./
GOTT:
Damit du dir nicht ansehen musst, wie dein Herr
leidet!
HEILIGER PETRUS:
Aber ist es nicht so seit eh und je?
Ist seine Schale auf Deiner Waage für den Menschen
nicht immer im Abgrund gewesen?
Aber der Kopf dessen, der Dir lieb ist,
kommt dieser dir nicht gerade so bis zu den Knien?
GOTT:
Für diesen armseligen Trost hab Dank.
HEILIGER PETRUS:
Sollen wir "ein Auge" auf die Menschen auf der Erde
werfen?
GOTT:
Ach, zu meinem Verderben!
HEILIGER PETRUS:
Nur damit wir so einige Schweinereien sehen,
die sie da unten jetzt anstellen! Ist uns
die Zeit, Tag und Nacht,
nicht schnell in süßer Verabscheuungswürdigkeit
vergangen? Nur
ein wenig, damit mein Verlangen befriedigt wird?
GOTT:
Ich sehe schon nicht mehr meine Gestalt,
sondern meinen Absturz.

HEILIGER PETRUS:
Sieh sie an! Ich würde so gerne wissen, was sie jetzt nur wieder ausgeheckt haben?
GOTT:
Nun, sie sind jetzt am Leben; wie sie auch davor am Leben waren!
HEILIGER PETRUS:
Es ist also ernst. Du erfreust dich nicht mehr am Unsinn, den der Mensch genießt: Beim Rauchen, beim Alkohol, den Drogen, beim Striptease; du ekelst dich nicht mehr wenn du irgendein fettes Essen auf dem Tisch siehst und auch nicht, wenn ein Vielfraß in seiner Nähe ist; auch nicht wenn der Ehebrecher die Untröstliche verlässt, die nach Liebe durstet.
GOTT:
Ich gebe zu: Keine habe ich gewonnen, aber ich bin süchtig nach Wetten geworden.
HEILIGER PETRUS:
Mit wem wettest du? Wer ist...
GOTT:
Mephistopheles.
HEILIGER PETRUS:
Er!?
/MEPHISTOPHELES kommt herein./
MEPHISTOPHELES:
Hallo, mein Alter und alle anderen hier am Ort!
Das Zuspätkommen schreib' den Unmenschen zu.
Da sie sich sträuben, rauben sie mir die Zeit.
Angeblich wissen sie nicht, wieso sie bei mir sind.
Aber, lass uns zu den angenehmeren Themen übergehen.
Sollen wir ein neues Spiel spielen oder berechnen wir die Punkte?
HEILIGER PETRUS:
Weißt du mit wem du redest, du Kreatur!?
MEPHISTOPHELES:
Ich weiß es. Gerade: mit jemandem der mir nicht

ebenbürtig ist.
Beruhig' dich, geh und verschließ' den Dachboden.
Für den Menschen ist diese Szene nicht geeignet.
GOTT:
Hör auf ihn, Petrus.
HEILIGER PETRUS:
Ich gehe
auf dein Geheiß, oh, Heiliger.
/Der HEILIGE PETRUS geht hinaus./
MEPHISTOPHELES:
Was für ein Idiot! Ein Mensch!
Ich sag es ja, er ist nur ein Mensch!
GOTT:
Ich habe einen Vorschlag.
MEPHISTOPHELES:
Nein! Der Maßstab ist fünfzig
zu eins. Noch einige
Millionen und wir renovieren:
Du unten, ich oben! So ist die Abmachung.
Noch einige Millionen,
nach meiner Berechnung...und du weißt,
dass ich niemals falsch liege
Wie es der Mensch vermag zu tun.
GOTT:
Hör zu, du Narr!
MEPHISTOPHELES:
Ich habe keine Zunge, nur diese
Ohren habe ich.
GOTT:
Dass die Hölle im Himmel ist – in Ordnung;
dieser Himmel auf Erden – wird sein, für den der es
braucht;
das Feuer im Eis oder die Nacht bei Tage,
es ist mein Wille, von der Erde und vom Himmel.
MEPHISTOPHELES:
So wahr! Hab' Erbarmen, oh, Großer Anführer.
GOTT:
Wenn es dich nicht gibt, dann gibt es

auch die Wetten nicht, die ich gierig nach dem
Schicksal,
wie es auch auch die Menschen sind, mit dir machte.
MEPHISTOPHELES:
Das ist das Ende! Hab Erbarmen, mein Schöpfer
mit deinem sündigen Sklaven.
GOTT:
Aber wisse noch eins, Satan:
dein Tod bedeutet den Tod der menschlichen Rasse,
die Schaffung einer neuen Erde und Himmels,
der himmlischen Kaste, der irdischen Klasse...
Dieser Tod wird mir schwer fallen.
MEPHISTOPHELES:
Die Menschen sind dir die liebsten, nicht wahr?
GOTT:
Nicht so sehr, wie die Wahl der Menschen.
Weder wenden sie sich an mich,
noch haben sie den Schrei aus meiner Brust
vernommen.
Der Buchstabe vermag nicht zu bilden,
daher sei du nun ihr Gott.
MEPHISTOPHELES:
Und du wirst dann mir gegenüber Mephistopheles sein?
GOTT:
So ein Ende werde ich nicht erleben.
MEPHISTOPHELES:
Aber wer könnte so mächtig sein, um Dir den Namen
des Allmächtigen Schöpfers zu nehmen?
Ich bin es nicht.
GOTT:
Wer das Leben gibt, nimmt es auch.
MEPHISTOPHELES:
Wo und an welchem Ort
wollte der Schöpfer scherzen?
GOTT:
So einen Ort gibt es nicht, Sklave.
MEPHISTOPHELES:
Du bietest mir, dem Gehassten,

deinen Thron des Erlösers so leichtfertig an?
GOTT:
Auch während sie dich hassen, lieben sie dich;
aber die Liebe Gottes ist verhasst.
Wenn es so ist, sollen sie den hassen den sie lieben.
MEPHISTOPHELES:
Deinen brüderlichen Vorschlag nehme ich an.
Aber nein "Danke, mir geht es gut..." werde ich nicht
zwischen meine Zähne zischen.
Diese Kreaturen, die mich lieben,
werden sie nicht, wenn sie tot sind, wie ausgewechselt
sein
durch Votivbilder des Gegensätzlichen
dem neuen Gott – mir, kann es sein?
GOTT:
Es ist möglich, wenn du die Fehler machst wie ich.
Ihnen soll klar sein, merk dir das während du erschaffst,
dass sie nur mit der Seele dir gleichen,
nicht umgekehrt – mit dem Körper.
MEPHISTOPHELES:
Auf solch einen Vertrag drück ich meinen Stempel.
Inzwischen muss ich, und darauf willst du auch hinaus,
etwas deiner Abmachung hinzufügen.
GOTT:
Ohren habe ich keine, aber ich höre.
MEPHISTOPHELES:
Da gibt es ein ganz kleines Detail,
welches du Erleuchteter, übergehen willst.
GOTT:
Sprich nun du Scheusal, wenn nicht jetzt wann dann?
MEPHISTOPHELES:
Die Macht Gottes kann nicht auf diese
Weise verschenkt werden.
GOTT:
Ach, wirklich?
MEPHISTOPHELES:
Ist es nicht so?

GOTT:
Ich weiß es nicht.
MEPHISTOPHELES:
Zumindest ist das mein Gedanke.
Um mich abzusichern, denn ich möchte
die Wette fair und ehrlich gewinnen.
GOTT:
Kannst du das auch? Gott
sei dann in diesem Augenblick.
MEPHISTOPHELES:
Nicht mal ein Schatten, oh du mächtiger Gott,
deiner wäre ich, wenn in dieser
heiligen Stunde du von selbst erlöschen würdest.
Aber hier ist die Gelegenheit und wenn du
gerecht bist, urteile gerecht über dieses Angebot.
GOTT:
Sprich, Diener.
MEPHISTOPHELES:
Deine Niederlage scheint mir sicher.
Ich rechne mit dem, was du sagst; damit Du, Oh
Mächtiger, Deine Ruhe
in diesem Wort des Bösewichts würdig, finden kannst:
Wir werden irgendeinen Menschen auf der Erde finden,
der durch sein Verhalten ob gut oder schlecht,
den Sieg, dir oder mir bringen wird.
In diesem Spiel warst du bisher
immer der Besiegte. Die Kreatur wählst
daher du.
GOTT:
Ich willige ein. Geh nun.
MEPHISTOPHELES:
Also, gelobst seist du (wie ich auch sage,
Jesus sei gelobt), anständig wäre es,
wie das Volk sagt "der Teufel soll dich holen".
"Bleib mit Gott" sag ich am Ende.
/MEPHISTOPHELES geht hinaus./
GOTT:
Oh, wie quälend ist es das Ende des Himmelreichs

anzusehen!
Schwärzer als der schwarze Teufel wäre ich,
wenn ich einen, ach, so weisen Schachzug vor mir
selbst verstecken würde.
Aber – was? Was – "Aber"!?
/Der HEILIGE PETRUS kommt herein./
GOTT:
Es bringt nichts Petrus, mich
mit deinen Täuschungen zu ermutigen.
HEILIGER PETRUS:
Zeuge bin ich deines Elends,
nicht unserer Niederlage.
GOTT:
Nicht einen Moment lang war er abhängig, wütend,
gierig oder hochmütig. Und wie ein Tropfen,
der das Glas zum Überlaufen bringt, war er demütig
und zurückhaltend,
sogar barmherzig zu seinem Herrn.
Oh, wie schwer ist es Gott zu sein, wenn man
ein Geschenk von seinem schlimmsten Feind erhält!
HEILIGER PETRUS:
Der Mächtigste bist du, allmächtig, der Erleuchtete,
aber du bist von Kopf bis Fuß in Weiß gehüllt;
Und da du weise bist, weißt du von meinem Wunsch,
dass du die Kraft des Angriffs deinem Schwert geben
vermagst.
Dem Neid, der dich von allen Seiten anfrisst,
begegnest du gleichgültig, geneigt,
und mit ganzer Güte, verließest du
deines mächtigen Lichts einzigen Schutz:
immer vor sich und erhobenen Kopfes schaut
derjenige, den die brutale Kraft schmückt,
aber unterschätzt erwartet er mit jeder Hand
die nächsten Schläge seines Tyrannen.
GOTT:
Gut, aber komme von den Phrasen
zu den Worten.

HEILIGER PETRUS:
"Wir werden irgendeinen Menschen auf der Erde finden,
der durch sein Verhalten ob gut oder schlecht,
den Sieg, dir oder mir bringen wird."
GOTT:
Das kommt mir zu bekannt vor.
HEILIGER PETRUS:
Ich bin ein alter Mann und wiederhole deshalb
die Worte, die ich von Dir gehört habe, als ich weit weg war.
GOTT:
Gut hast du das Schlechte gehört.
HEILIGER PETRUS:
Du weißt wer "irgendeiner" ist!
GOTT:
Er hatte Recht; du bist nur ein Mensch
(wer weiß, was dir jetzt durch
die Adern fließt)!
HEILIGER PETRUS:
Ohne Laster bin ich wie er, aber Du hast sehr weise,
während ich dort war,
durch mich leibhaftig gedacht.
GOTT:
Du bist vertraut, Petrus, mit all meinen Geheimnissen.
Dieses also, verbirgst du vor dich selbst.
HEILIGER PETRUS:
Er ist genauso gerecht wie die wenigen Menschen von früher.
GOTT:
Ist er ein Arzt?
HEILIGER PETRUS:
Nein. Er ist bedeutungslos. Gelitten hat er, weil er sich
gegen Demütigungen gewehrt hat.
Und wie auch ich jetzt, glaubt er,
es sei noch sündiger
das Unrecht zu ertragen, als es selbst zu begehen.

GOTT:
Ist er im Stande mir das meine zu geben,
trotz der teuflischen Verlockungen?
HEILIGER PETRUS:
Ich sag es Dir, er ist das beste von Dir,
und gehorsam den kaiserlichen Grafen!
GOTT:
Somit ist er ausgewählt.
HEILIGER PETRUS:
Und erzürnt ist der über das auserwählte Volk
fast genauso wie Du es bist.
GOTT:
Aber mit dem Unterschied, dass er nicht Gott ist.
Mit dem gleichen Preis wird er für das Seine zahlen,
wie es er von einem Juden kauft.
DUNKELHEIT.

MESOSPHÄRE
/MEPHISTOPHELES. CHERUB./

MEPHISTOPHELES:
Wird sich uns endlich auch mal die Gelegenheit bieten?
CHERUB:
Nun, ich muss geduldig sein,
Mich in Zurückhaltung üben, denn meine Arbeit
Ist nicht für allzu aufgeregte Menschen gemacht;
Und ich bin kein Seraph, der nur Zartes sieht,
Sondern nur Menschen, ungehobelt und furchtbar!
Jemand der sich immer auf der Erde befinden muss
oder wo immer es auch Menschen gibt;
Und genau an einem Ort und zu einer Zeit
Die der Schöpfer als richtig bestimmt hat?
Du hast die Freiheit, ich habe die Ketten.
MEPHISTOPHELES:
Und das Geschick derer, die Träume formen können.
CHERUB:
Der Mensch denkt, aber Gott lenkt,

Doch frei von Sorgen, wäre ich gern
Wie ein molliger kleiner Junge, fröhlich und frei.
Gott sei Dank, hier ist unser
Ziel! Da ist der Auserwählte.
MEPHISTOPHELES:
Ich sehe gar nichts.
CHERUB:
Dort unten, wo die zerlumpten Leute liegen.
MEPHISTOPHELES:
Welcher von denen ist es?
CHERUB:
Rechts, zweite Reihe. Der, welcher
neben dem schläft, der schreibt
und aufschaut. Aber was ist mit dir?
Lass mich los, Satan!
MEPHISTOPHELES:
Ach, er hat uns gesehen! Und ist wie in Trance auf die
Erde gefallen.
CHERUB:
Demnach, soll von nun an dieser Mensch
glücklich und unglücklich zugleich sein!
Herr, hilf mir!
/*CHERUB verschwand. MEPHISTOPHELES wirft die
Fackel an.*/
MEPHISTOPHELES:
In dieser Zeit, was nur ein Atemzug ist,
werde ich ehrsam jede Tat ausführen,
die ich zu tun habe. Und jetzt ist es an mir
mit dieser Fackel die Träume beim auserwählten
Geschöpf zu entfachen. Ach, wenn es sein muss,
weiß ich-für das selbst entfachte Feuer,
auf die richtigen Schuldigen zu zeigen!
DUNKELHEIT.

PASSAGIERFLUGZEUG
/WINDSOR. MARLBOROUGH./

MARLBOROUGH:
Oh Gott! Hal!
/WINDSOR wacht auf./
WINDSOR:
Was ist? Was ist? Was ist?
Wo brennt es, Jack?
MARLBOROUGH:
Überall: mal auf der Erde – mal im Himmel!
WINDSOR:
Ernsthaft!? Aber was brennt?
MARLBOROUGH:
Eine brennende Silhouette!
Zuerst bewegte sie sich über den ganzen Himmel
Begleitet von einer milchig-weißen Gestalt.
Dann stieg die weiße Flamme in die Höhe,
während die rote sank!
WINDSOR:
Unwetter? Jetzt? Die Nacht ist doch kristallklar.
MARLBOROUGH:
Nein, es ist kein Unwetter, denn dieses Feuer,
als es wieder hierher aufstieg,
ist es mir so nah gekommen!
WINDSOR:
Oh, Gott! Werden wir etwa unangekündigt
den Luftraum durchbrechen?
MARLBOROUGH:
Nein, das war eine entflammte Silhouette!
Als ob der Teufel selbst uns in Versuchung bringt.
WINDSOR:
Jack, was ist genau passiert?
MARLBOROUGH:
Mir sagte diese ekelhafte Stimme
wenn ich diesen Mord begehe,
finde ich Rettung in einer Höhle.

WINDSOR:
Hör mir zu, Jack: Der Mensch träumt alles mögliche;
in diesen Träumen gibt uns meistens
der Teufel selbst die Versprechungen.
MARLBOROUGH:
Aber meine Augen! Wie kann mein Verstand
die Sache außer Acht lassen
und nicht beachten?
WINDSOR:
Das heißt, du hast es gesehen?
MARLBOROUGH:
Das wiederhole ich ja, wie ein Verrückter, die ganze
Zeit!
Ich bin ein Realist und erkenne über meine Augen
jede Nachricht über eine Niederlage oder einen Sieg.
WINDSOR:
Warte, Jack; auch ich habe Augen.
Ich habe auch eine Geschichte zu erzählen, die
bedeutend ist.
Neulich war ich auf Staatsbesuch
im Geburtsland deiner Mutter.
Der Zufall hat es so gewollt und ich kam in Salt
Lake City vorbei, denn in diesem Land
gibt es keinen Streik und ich bemerkte,
dass die Menschen dort Moral besitzen....
MARLBOROUGH:
Nun, das war zu erwarten.
WINDSOR:
Ich, als zukünftiger Herrscher, bin nach ihrer
dämlichen Tradition runter zum Volk gegangen.
Und wir haben geredet, aber haben uns nicht
gut verstanden: mir war
langweilig während ich ihnen zuhörte und sie haben,
so nehme ich es an, irgendeine Hilfe gewollt.
Und so weiter.... Auf alle Fälle,
ist so eine Witwe zu mir gekommen,
an der Hand ein Kind nicht älter
als zwölf Jahre und sie erzählte

vom Weggang ihres Mannes und dass sie mit ihm
keinen Sohn hatte und wie
sie damals ihren Bruder verloren hat....
und dieses Kind glotzt mich an und
sagte dann zu der Frau – Schau, Mama – da ist Papa! -
Und die Frau zuckte nicht einmal!
Sie erwiderte leise, bevor sie sich
wieder zu mir drehte
- Trisch, das ist nicht nett. - (Patricia
war ihr Name). Was sagt dir das?
MARLBOROUGH:
Die Kleine hat gelogen! Wenn du es nur so
klar und deutlich erklären könntest.
WINDSOR:
Ich glaubte es nicht – sah es aber!
MARLBOROUGH:
Dich als Vater? Und darum geht es hier?
WINDSOR:
Nein, du Narr, nein. Das ein Unterschied in der
Erziehung
besteht; manchen Völkern ist es einfacher
zu lügen, als uns die blanke Wahrheit
zu sagen! Und die Wahrheit ist: Du hast mehr Angst
vor den Deutschen, als vor den Franzosen, den Russen
oder den Schwarzen.
Aber mach dir keine Sorgen, Jack, denn ich liebe dich
trotzdem.
Deswegen werde ich jeden neuen Auftrag in
deinem Namen abschießen. Soll deine Mutter
stolz auf ihren Sohn sein: weck mich
nicht mehr bis Berlin!
MARLBOROUGH:
/leise/
Ich hatte den Wunsch jede Krankheit zu behandeln, die
ich bei mir fand,
auch wenn der Arzt, von etwas getäuscht, mir klar
sagte - Sie sind gesund! - aber ich bin es nicht!
DUNKELHEIT.

KONGRESSSAAL
/RUDOLF kommt mit ausgezehrtem Gesicht und neurotischen Bewegungen vorsichtig herein./

RUDOLF:
Oh, meine lieben Gäste, kommen Sie näher!
Herr Bismarck, Lady Astor, Krupp; während Beck
und Göring erst von der Jagd gekommen sind,
sorgfältig Tierknochen entfernen;
Monsieur Maurras mit einem "Napoleon",
sicherlich ein Jahrhund alt;
Falkenhein, Konrad von Hötzendorf;
dann der Botschafter, den der Kaiser des Gewürzes
schickte,
mein Lieblingsmensch war auch dabei,
der einzigartige Herr Marlborough!
Was – ein Schiff in der Flasche
von euch als Geschenk!?
Danke euch; es ist schön zu sehen,
dass ihr die guten Manieren eurer Vorfahren pflegt!
/DOLLFUSS kommt herein./
RUDOLF:
Ein ganzes Jazzorchester? Direkt von der Oper!
/Der SOLDAT und der ARZT kommen herein./
RUDOLF:
Und Engelbert Dollfuss! Was für ein Solo!
Bravo!
ARZT:
Holt ihn da raus!
/Der SOLDAT überwältigt RUDOLF./
ARZT:
Eine maßvolle Dosis, damit unser Rudi
schläft.
RUDOLF:
Was ist das nun?
ARZT:
Spezielle Kuhmilch.

RUDOLF:
Nein, auf keinen Fall! Mit Dollfuss
beginnt die Feier jetzt echt.
/RUDOLF schläft ein./
DOLLFUSS:
Im Land der Verrückten ist nicht derjenige verrückt,
der sich verrückt stellt.
/ADOLF und JOSEPH kommen herein./
ADOLF:
Übertreibe es nicht damit! Es ist mir sehr wichtig,
sagte ich doch, dass er bei Bewusstsein bleibt.
ARZT:
Ich schwöre bei meinem Leben, er leidet nicht.
ADOLF:
Geh hinaus!
/Der ARZT und der SOLDAT, der RUDOLF trägt,
gehen hinaus./
JOSEPH:
Warum kümmert sich der Herr der Seelen um diesen
Schurken?
Diesem jämmerlichen Markgrafen, verkrüppelt und
hochmütig?
DOLLFUSS:
Selbst wenn ich verkrüppelt und hochmütig wäre wie
du,
wärst du trotzdem ganz und gar unter mir.
ADOLF:
Möge Friede zwischen Brüdern herrschen.
DOLLFUSS:
Das bezieht sich, möchte man meinen, auf die
Menschen.
ADOLF:
/zu JOSEPH/
Du kannst ohne weiteres nun gehen.
/leise/
Aber beweg dich nirgends raus aus dem Gang.
Und dann nehme Rudolf mit dir mit.
/JOSEPH geht hinaus./

ADOLF:
Zwei anständige Menschen. Zwei Blutsbrüder.
Wenn unsere Vereinbarung nicht so weit entfernt ist,
und wir nicht von anderen abgelenkt werden,
werde ich die Sonne, den Uranus, Jupiter und Mars
erobern.
DOLLFUSS:
/leise/
Denn du beherrscht bereits den Saturn.
/Zu ADOLF/
Höre mich an, du gotischer Tyrann!
Ich weiß, dass derjenige
der auf die Schnelle durch eine List,
Fremdes Land erobert, glaubt, er habe es rechtmäßig
getan.
Aber damit hat er nicht das Recht auf alles was er
besitzt.
Du begehrst die Sonne, sagst du; doch wisse;
Das ewige Feuer
wirft immer neue Strahlen auf uns,
während sich die alten weit weg von der Sonne
abkühlen.
Deine Mutter hat nicht mehr gelitten
als meine, als sie mich zur Welt brachte,
noch ist deine Sonne näher als meine.
Du wirst die Erinnerungen der Kinder für neue Untaten
nicht missbrauchen, solange die Vernunft siegt.
ADOLF:
Das heißt – niemals?
Brüllt die Unschuld nicht etwa heftig auf die Planeten,
deren Körper Schatten auf die vorbeiziehende Sonne
werfen?
Mit deinem Verstand prahlst du ohne zu wissen,
dass das Kind getrennt von der Mutter –
weint! Weder du, noch jemand von deiner Sorte,
die alles Vernünftige
in ein festes Bündel pressen, kann verbieten,
dass ich das arme Kindlein an mich drücke,

außer das Feuer hindert mich daran.
DOLLFUSS:
Ehe man sich's versieht, ist man verbrannt.
Der italienische Cäsar, der ungarische Admiral...
ADOLF:
Ein Admiral ohne Meer!
DOLLFUSS:
Mit mir, wenn ihr so wollt, einem Donaufischer,
gemeinsam im Willen vereint,
zerpflücken wir das Adlernest,
welches jeder anständiger Deutscher verabscheut.
ADOLF:
Ist das alles?
DOLLFUSS:
Nein. Der Vertrag besteht, welchen
wir drei im Einklang beschlossen
und unterschrieben haben,
aber wir brauchen einen, der von deiner Hand
geschrieben ist.
ADOLF:
Wozu das?
DOLLFUSS:
Zur Bestätigung unserer unverletzlichen
Grenzen, für Frieden und Zusammenarbeit.
ADOLF:
Aber das ist ein regelrechtes Ultimatum!
Sag mir Dollfuss, ob das Ei
der Schlange droht, solange diese es als Ganzes
schluckt?
Oder wenn die Schlange vom Adler gewürgt wird,
weint sie dann
über das Schicksal des gegessenen Eies?
DOLLFUSS:
Du machst dich lustig über mich?
ADOLF:
Auf keinen Fall, ich schätze solch deutschen Stolz
eines Geistes. Ergebe dich ohne Kampf,
sei mir ein Freund. Italien, die Schlange,

weiß, wann sie was verliert und wann sie
sich unter den Stein verkriechen muss. Spare mir die Zeit,
erheitere viele deiner Mitmenschen,
denn wisse, es kommt der Moment wo es Deutscher zu sein
bedeutet ein menschliches Wesen zu sein, wie eine Wolke,
wird dieser kommen. Sei heute ein Mensch, solange der Himmel
heiter ist, nur diese bescheidene Tat erwarte ich von dir.
DOLLFUSS:
Du erwartest von mir, ich soll ein Mensch sein?
Soll ich dir ein Freund sein, ein Bruder vielleicht?
Ich kann nicht demjenigen ein Bruder sein, der das Parlament
seines eigenen Landes anzündet, kann niemandem Freund
sein, der seine Brüder ins Konzentrationslager
einsperrt. Und da wir die gleiche Sprache sprechen,
wirst du mich umso besser verstehen.
ADOLF:
Geh dann in dein Schlupfloch! Steck
deinen Kopf ein und ertrage das Unrecht, bis du nicht anfängst
eine andere Sprache zu sprechen! Auf dieser sprich dann ganz
frei, und salutiere dem großen Caesar
damit dir dieser fremdsprachige Barbar, dich
und deine Rasse hassend, dir droht, während du nach bewährtem
Weg, eilig und ohne Rückgrat in dein Loch fliehst!
/DOLLFUSS geht hinaus./
ADOLF:
Aus der Glut des abgefackelten Staatsparlaments,
wer auch immer diesen primitiven Akt der Sabotage begangen hat,
für die ich auf ewig von Herzen dankbar bin, werde ich

einen heißen
Klumpen nehmen und mit diesem, wo wahr Gott mein
Zeuge ist,
bis zu Letzt die verräterische Schlange jagen...
/JOSEPH, HERMANN, der ARZT, der SOLDAT und
RUDOLF kommen herein./
ADOLF:
...und halte die Fackel fest in meiner Faust, werde ich
jedem einzelnen die Zunge verbrennen, damit
man niemals wieder ein
hasserfülltes Wort gegen den Wohltäter hört!
/ADOLF, ganz ausgezehrt, fällt./
JOSEPH:
Was für ein Klumpen?
/zum ARZT/
Schnell, helf' ihm!
/Der ARZT leistet ADOLF Hilfe./
HERMANN:
Soll ich zurückkommen, wenn er wieder bei
Bewusstsein ist?
JOSEPH:
Nein, du Wichtigtuer, bleib jetzt hier!
/ADOLF kommt zu sich./
JOSEPH:
Mein Führer, auf ihren Befehl bringe
ich Ihnen Ihren lieben Hess und schauen Sie
wer noch da ist! Hermann bringt anscheinend
Neuigkeiten, wer das Parlament gesprengt hat.
HERMANN:
/zu JOSEPH/
Das wirst du mir büßen, du buckliges Kamel.
ADOLF:
Raus! Alle raus!
/Die anderen gehen zum Ausgang./
ADOLF:
/zu RUDOLF/
Du bleibst da!
/JOSEPH, HERMANN, der ARZT und der SOLDAT

gehen hinaus./
ADOLF:
Rudolf, komm lass uns
Fußball spielen! Na los, schieß!
/RUDOLF schwingt mit dem Bein ins Leere. ADOLF wirft sich ins Leere./
RUDOLF:
Du verteidigst noch schlechter als unser
und der französische Torwart zusammen!
ADOLF:
Ich gebe zu, ich bin schlecht. Wie steht es?
RUDOLF:
Sieben zu null für mich!
ADOLF:
Gratulation! Rudi, kannst du mir sagen, warum
ich so viele Tore abbekomme?
RUDOLF:
Weil du nicht aufpasst.
ADOLF:
Aber auf was muss ich denn aufpassen,
damit ich am Ende als Sieger hervorgehe?
RUDOLF:
Der Ball fliegt und das Spiel läuft.
Deswegen liebt die Jugend Fußball,
Sie bleiben nach der Schule
und für den Sieg beten zu Gott,
dass sie das nächste Mal gewinnen.
Aber Erwachsene wollen was anderes,
also üben sie lang und hart.
Wer sich am meisten anstrengt,
kann den höchsten Preis erwarten.
Für eine starke Mannschaft,
musst man die Spieler gut bezahlen.
Solche Kerle sind immer wertvoll
und führen dein Team zum Sieg.
Wenn der goldene Pokal glänzt,
braucht man keinen Raufbold.
Wenn du auf ihn verzichten kannst,

sollte er das Team wechseln.
DUNKELHEIT.

SONG 02.

TITEL: SONG "DAS MÄDCHEN AUS SASPOW"

Warum ist das Mädchen aus Saspow alleine?

*Erkläre es mit deinen Augen und Armen, denn wir können es nicht sagen,
damit auch uns alles klar wird!*

*Was für Augen hat das Saspow-Mädchen, so schön?
- Sie hat ein so schönes Paar, sie hat ein so schönes Paar!*

*Oh, was für Hände, was für Hände hat sie?
- Sie hat zwei Hände, mit honigsüßen Handflächen!*

*Wieso ist sie alleine? Erkläre es mit deiner Brust,
erkläre es mit deinen Ohren, erkläre es uns allen!*

*Was für Brüste hat das Saspow-Mädchen?
- Das ist alles im Einklang, das sind zwei schöne Brüste!*

*Oh, was für Ohren hat dieses junge Mädchen?
- Sie hat zwei Ohren, mit Perlen geschmückt!*

*Wenn sie doch solch' Ohren, solch' Augen,
wenn sie, ach, solche Arme und Brüste hat,*

*Wieso nur ist dieses junge Mädchen dann allein
und wieso geht sie allein?*

ZWEITER AKT

HÖHLE
/HEKUBA. MEPHISTOPHELES. Der leblose HEINRICH./

MEPHISTOPHELES:
Deine Kräfte lassen mich brennen so hell!
Du wunderschöne, sanfte Geliebte
der Nacht, mein bist du und ich bin dein!
HEKUBA:
Du Schmeichler, du würdest hier nicht sein
und umwerben, so jung und einschmeichelnd,
wenn du nicht einen Nutzen sehen würdest
in mir!
MEPHISTOPHELES:
Was soll das Auge einer solchen Frau hinzufügen?
HEKUBA:
Höre auf zu schmeicheln (mein Körper
brennt schon), sondern sage mir was du willst?
MEPHISTOPHELES:
Ein kleines Wunder.
HEKUBA:
Ach, schon wieder!?
MEPHISTOPHELES:
Komm, der Körper erkältet schon.
HEKUBA:
Sag mir, was möchtest du
mit ihm tun?
MEPHISTOPHELES:
Egal was ich bekomme, Hauptsache
ich werde ein Held wie zu deiner Zeit!
HEKUBA:
Nein, das habe ich geschworen.
Das kommt nicht in Frage!
MEPHISTOPHELES:
Alles was noch Wert ist, hat seinen Preis.

HEKUBA:
Dann schau keine anderen Frauen mehr an.
MEPHISTOPHELES:
Was ist mit meinem Augenlicht? Ich bin
blind geworden!!! Wo bist du, oh, Hekuba?
HEKUBA:
Oh, was für ein Anblick für wunde Augen ist er!
MEPHISTOPHELES:
Ich bin komplett blind und laufe einfach weiter!
HEKUBA:
Was bist du doch für ein gutaussehender Teufel,
verdammt!
MEPHISTOPHELES:
Hekübchen, mein liebstes, du wirst wieder die Königin
sein.
HEKUBA:
Aber nur, mein Lieber, wenn du mein König sein wirst.
MEPHISTOPHELES:
Das wäre ich gerne, aber die Zeit arbeitet nicht für
mich.
HEKUBA:
Was ist so schön, dass es deine blauen Augen begehren?
MEPHISTOPHELES:
Der Körper zerfällt...
HEKUBA:
In Ordnung. Nur dieses eine Mal.
/sie schwebt/

"Das Leben ist gerecht, und die Menschen sind gerecht,
wenn ihr Urteil Vertrauen verdient."

Probiert es jetzt aus!

MEPHISTOPHELES:
Nichts.

HEKUBA:
"Unser gerechtes Urteil ist der Ausschluss

von jeder tief verwurzelten Täuschung.
Um die Wahrheit frei von Lügen zu erhalten
Verlässt man sich nur auf die reine Vernunft."

Wie sieht es jetzt aus?

MEPHISTOPHELES:
Nichts! Nichts!
/HEKUBA geht das Buch holen./
HEKUBA:
Oh, ich bin alt oder ich altere einfach,
aber ich achte immer noch auf mich.
MEPHISTOPHELES:
Erinnere dich nun an jede Tat, Hekuba,
damit du wieder Pallas Athene sein kannst.
HEKUBA:
/sie schwebt und liest/
"Gesunder Menschenverstand kann nur da wohnen,
wo jeder es gut meint.
Gute Gedanken kommen bei allen an
die voll von Liebe sind.
Und Liebe kann nur vorbehaltlos sein,
wenn sie wohlverdient ist.
Geliebt sind, hier sind meine zwei Cents,
die wahren Unschuldigen.
Unschuld geht dem Glück voraus..."

MEPHISTOPHELES:
Er ist am Leben! Äon bewegt seine Arme und Beine!
DUNKELHEIT.

TEMPELHOF, BERLIN
*/LUDENDORFF. WINDSOR. MARLBOROUGH.
SOLDAT./*

LUDENDORFF:
Oh, meine tugendhaften Feinde!
Wie erfreulich ist es, euch wieder zu sehen,
und das auf dem herrlichen Grundstück des Gastgebers!
Noch besser finde ich es, das muss ich
zugeben, dass ihr mit dem Flugzeug,
und nicht mit dem Zug gereist seid.
WINDSOR:
Danke euch für eure warmen und tröstlichen
Worte des herzlichen Willkommenheißens.
Mein wunderbarer Vater hat mir
von dieser Wärme des deutschen Volkes erzählt.
Auch euer Land ist ausgedehnt und fruchtbar.
Aber ich komme nicht umhin zu bemerken,
dass euer ausgedehnter, deutscher Himmel
nicht wirklich den besten Schutz
für eure westlichen Nachbarn bietet.
Wir könnten eine Pause gebrauchen.
LUDENDORFF:
Der Preis zu welchen ihr mir
zu Besuch kommt, könnte euch
in Jahren berechnet werden. Aber euer
Freund ist anscheinend nervös?
Könnte es sein, dass ich ihn mit einem deutschen,
harschen Wort erzürnt habe?
WINDSOR:
Jack, grüß den Feldmarschall!
MARLBOROUGH:
Ich grüße dich, Tannenberg.
LUDENDORFF:
Und danke für Archangelsk.
So ein fester Händedruck! Bei Gott!
Fürst, wenn Ihr Henker
die Häftlinge so fest am Hals im Griff hat,

dann haben wir ein gutes Geschäft gemacht.
WINDSOR:
Er ist der Beste im ganzen Imperium.
Für den gleichen Preis wird er euch auch dienen.
/DOLLFUSS kommt herein./
LUDENDORF:
/Zu Dollfuss/
Was machst du für ein Gesicht bei so einem schönen Tag?
DOLLFUSS:
Ach, mein Ludendorf, für mich ist er stockdunkel!
LUDENDORF:
/Zu WINDSOR und MARLBOROUGH/
Der Kanzler Dollfuss sagt uns das so.
/Zu DOLLFUSS/
Diese Herren sind Windsor und Marlborough.
DOLLFUSS:
Dann durchdringt nur ein einziger Sonnenstrahl
die Finsternis, in welcher wir uns alle befinden.
WINDSOR:
/zu MARLBOROUGH/
Einmal sollst du auch der Erleuchtete sein.
DOLLFUSS:
Ich beabsichtige nicht zu bleiben.
Ich sage nur, dass ich es verabscheue,
was in Deutschland passiert.
LUDENDORFF:
Aber wir sind hier, um die Sache zu richten.
DOLLFUSS:
Soweit ihr könnt und so wie es euch beliebt.
Von meiner Seite werde ich alles tun,
dass alle Auswüchse der Vulgarität und Raserei
allen in Europa bekannt gemacht werden, die es wissen sollen.
/DOLLFUSS geht hinaus./
WINDSOR:
/zu MARLBOROUGH/
Du siehst, der Kontinent beschützt das Reich.

LUDENDORFF:
/er ruft DOLFUSS nach/
Aber sei dann nicht so, je nachdem wie der Wind weht,
wenn es hier ruhig wird
und das Mittelmeer unser "mare nostro" wird,
dass du dich auf Brüderlichkeit und Einigkeit berufst!
WINDSOR:
Ich teile mit euch uneingeschränkt die Ansicht
über die katastrophale Natur des Irredentismus.
LUDENDORFF:
Das ist Erpressung! Das hier ist eine Spaltung
wie die, die euer Washington ersonnen hat!
MARLBOROUGH:
Wen also soll ich töten?
LUDENDORFF:
Wie bitte!?
WINDSOR:
/zu MARLBOROUGH/
Lauter, du siehst doch, dass er Alte
taub ist?
MARLBOROUGH:
Wen, Herr Feldmarschall, erwartet der baldige Tod?
LUDENDORFF:
Unseren Kanzler, Sie, Ritter von Malta.
MARLBOROUGH:
Zu spät, denn während sie, Herr Feldmarschall
über die Wut sprachen, ist er soeben nach
Wien geeilt!
WINDSOR:
Nicht ihn, Jack! Du hast überhaupt kein Talent
mit dem Arbeitgeber zu verhandeln.
/zu LUDENDORFF/
Adolf, nicht wahr?
LUDENDORFF:
Nein, es ist gefährlich öffentlich zu erwähnen
diesen meist gehassten österreichischen Namen!
WINDSOR:
In Ordnung, von nun an werden wir leise sein.

Aber wieso sollte ihn nicht, wenn ich fragen darf,
einer von euren, einheimischen Henkern "bearbeiten"?
LUDENDORF:
Hat euch euer Vater, mein vortrefflicher Herr, nicht
gesagt, dass nicht ein einziger Deutscher es jemals
gewagt hat, einen Herrscher zu töten?
MARLBOROUGH:
Aber wieso das, Herr Feldmarschall?
LUDENDORFF:
Aus Angst vor dem schrecklichen Fluch,
welcher jeden Deutschen aus dem Himmel treffen
würde.
WINDSOR:
/zu MARLBOROUGH/
Du bist schon verdammt.
MARLBOROUGH:
/zu WINDSOR/
Jetzt verstehe ich es, Hal.
WINDSOR:
Jawohl, Herr Feldmarschall, wir sind bereit!
DUNKELHEIT.

KONGRESSSAAL
/ADOLF. JOSEPH. ERNST./
/HERMANN kommt herein./
HERMANN:
Alle sind verhaftet!
ADOLF:
Hervorragend; und jetzt schiebt ihr die Grausamkeit
und den Zorn beiseite.
JOSEPH:
Führer, ich behaupte, dass auch ohne
Grausamkeit, wenn ich all meine Grausamkeit
zur Seite schiebe,
mir die Natur selbst,
einem reinen Deutschen, genügt,
um solche Tiere zu bestrafen.

ADOLF:
Auf keinen Fall!
aber ich schätze deine Tugend.
Aber jetzt muss der Hass dorthin gerichtet werden,
wo der Wucher den Verstand vernebelt hat
und wo die Politik, die Mutter der Bewahrer
der unantastbaren Prinzipien von Nation und Staat,
erniedrigt wurde, auf ständige Gleichgültigkeit,
Schwäche,
auf den verfluchten und den puren Wunsch nach
Zinsen,
auf Trägheit, Faulheit, Polemik und
jenes wertlose Prinzip der allgemeinen Gleichheit;
Wo man glaubt, dass unser Wille
ein Balken aus Stahl ist, doch zu dünn,
während die von ihren dick sind, aus Gummi,
den Kopf eines Passanten zerquetscht unser ganz leicht,
welchen sie und wir verabscheuen, aber
aufgrund seiner Stärke wird er
am Beton zerschellen und in zwei Teile brechen.
Ihre Balken, noch dicker als zuvor,
die können weiter schlagen links und rechts,
wahllos, ohne Rücksicht auf unserem Schicksal.
Aus diesem Grund, inmitten
des Aufruhrs und des Pomps,
werden wir diese Bluthunde frei herumlaufen lassen;
Und wir werden nur Gummigeschosse einsetzen,
um diejenigen einzuschüchtern, die sie herstellen.
Doch um sie nicht auch noch zu unterstützen,
und durch eine solche Tat würden wir
das Messer noch tiefer in unsere Brust stoßen,
schlage ich daher
vor und verordne: alle Menschen
von unserm Blut, Deutsche, Normannen,
die sich schändlich an dieser
barbarischen Tat beteiligen,
darf man nicht übersehen, noch mit Gleichgültigkeit
behandeln, sondern unerbittlich,

mit unerreichter Inbrunst zu Fall bringen
und ein Exempel statuieren.
Nur durch solche Taten kann
euer und der anderen Germanen gerechte Zorn und
Sucht
nach Rache gestillt werden.
JOSEPH:
Eure Genialität, mein Führer,
reicht weit über meine ganze Vorstellungskraft
und Erwartungen, die mir
nur die Vorsehung schenken konnte!
Euer Gott ist stärker als der meine,
Euer Dämon ist dreimal so beredsam!
Eure Schwäche ist auch dem Alchimisten
verborgen, während meine sich
einer Fledermaus entziehen würde.
ADOLF:
Du würdest mir auch noch deinen
Ministerposten anbieten, für meinen
bescheidenen Titel.
JOSEPH:
Das wollte ich auf keinen Fall sagen.
Die Dinge sind genauso, wo sie hingehören.
Ich bin heute neunmal stolzer
auf meine Herkunft, denn ohne Zweifel
wird der Deutsche bald der ganzen Welt sein,
was Echnaton für das alte Ägypten war!
HERMANN:
Ich kann nicht umhin, zu bemerken, mein Führer –
wenn man die Mullbinden entfernen würde von
siebenundzwanzig Soldaten wie diese,
und sie links von Berlin ausbreiten würde,
könnte man ein Band, wenn auch
einen ganzen Tag zu spät,
um das Brandenburger Tor binden!
ERNST:
Du hast Recht, Adolf, als du sagtest,
dass "Reichswehr" nicht das passende Wort ist.

Nimm in deinen Dienst zwei solche wie Goebbels,
und du wirst sehen wie „Zombiewehr",
die ganze Welt mit Seuchen erobert!
JOSEPH:
Mein Führer, sie neigen zu sehr dazu
Idioten zu ertragen, um sich zu erheitern.
Aber ich sage Euch, und meine Zunge
dient mir Gott sei Dank am besten,
dass mit nur einem einzigen Hermann,
wenn natürlich unsere Wissenschaft
soweit entwickelt ist, damit
man ein gigantisches Flugzeug bauen und
es eine solche Ladung aufnehmen kann,
könnten wir die ganze bewaffnete Macht
Russlands von der Erdoberfläche ausradieren.
Aber, wenn Sie doch auf mich hören,
und sie wie ich auch ganz fest wollen,
dass in Russland nicht einmal mehr die Blumen blühen,
dass sich ihnen auch die Mineralien zersetzen,
dann bereiten sie auch das zweite Flugzeug vor,
denn einer ist, für zwei solche Typen,
damit werden sie einverstanden sein, unverhältnismäßig klein
und grantieren sie mit unserem guten Ernst
den gewünschten Punkt irgendwo in Sibirien.
Dann wären auch Sie glücklich,
ich wäre aber wieder
doppelt so glücklich wie Sie.
HERMANN:
Joseph, du immer – zweimal, dreimal, zehn...
Bei Gott, mein Führer, ich stelle mir bereits vor,
zwei richtige Lager, zwei Könige, vor der Schlacht
gespaltene Deutsche – Die einen zu dir, die anderen zu ihm.
Ich gebe zu, es würde mir wirklich schwer fallen,
wenn ich dreimal auf deiner Seite wäre,
gegen einen Gegner wie es Goebbels ist!

ADOLF:
Wie geistreich! Aber trotzdem würdest du dir die Seite
gut aussuchen.
Joseph, es wäre wirklich besser,
wenn du dich beeilst und dies
diesem Idioten vom Justizminister mitteilst,
bevor ich dich wirklich präpariere wie einen Vogel.
Siehst du, Ernst nimmt es ernst:
auf die Hände zieht er die Sicherheitshandschuhe an,
und über den verbrannten Kopf zieht er die Maske
drüber.
JOSEPH:
Nehmen Sie sich vor diesen Schwellungen in Acht.
Ich bedaure es, dass ich Sie alleine lasse.
Leben Sie hoch!
/JOSEPH geht hinaus./
ADOLF:
Ernst, du kannst *jetzt*
schauen wie die Vorbereitungen
für das Jubiläum unserer glorreichen Einheiten laufen.
ERNST:
Natürlich, aber vorab einige Worte
mit dir, Adi. Wie soll ich anfangen...
ADOLF:
Nicht von Anfang an. Die Dinge
die du weißt, sind mir nicht fremd.
Sind wir nicht vom ersten Tag an
zwei Nasenlöcher auf derselben Nase gewesen?
ERNST:
Umso besser. Du kennst
mich soweit, so schätze ich es ein,
wie ich dich.
ADOLF:
Das ist richtig!
ERNST:
Wir sind Soldaten, aber du bist größer,
denn du vermagst es zu sagen, was du begehrst.
Mir wiederum ist die Faust

das Ende aller meiner Gedanken gewesen....
ADOLF:
Das weiß ich; was sonst!
ERNST:
Ich habe niemals meine Rede geübt,
um den Mob zu treiben.
ADOLF:
Das Gefängnis ist der perfekte Ort dafür – genau das richtige!
ERNST:
Und um wie viel schwerer fällt mir das,
dass du mir ständig ins Wort fällst.
ADOLF:
Ich werde es nicht noch einmal tun!
ERNST:
Daher, ich sage es so...
ADOLF:
Du bist der Mund, ich das Ohr
am selben Kopf!
ERNST:
Nun, hör auf! Bitte,
wirst du aufhören?
ADOLF:
Wenn ich eine Fliege wäre
Hermann, dann schlag mich ruhig
mit der Faust auf den Kopf.
ERNST:
Also, dieser Himmler...
ADOLF:
Ich weiß! Du wünschst dir, er wäre
nun hier. Ihr wärt dann
die drei Schweine und ich wäre
der Große Böse Wolf!
HERMANN:
/zu ERNST/
Das ist zweideutig, aber sag alles!
ERNST:
Nun, ich lache jetzt,

aber die Zeit raubt mir die Ernsthaftigkeit.
Es lässt mich nicht
schlafen, es verfolgt mich überall hin.
Wenn du nur wüsstest, was für ein Leid
mich dazu bringt, mit dir nun
anders zu sprechen als
wir noch zusammen kämpften, als
wir zum Trotz einer schwarzen Macht,
Scherze machten und unter der Gefahr des Todes,
vor welchem ich, so sage ich es noch einmal,
keine Angst habe.
ADOLF:
Aber was quält dich, mein lieber
Freund?
ERNST:
Eine Wahrheit, mir
unbegreiflich. Kurt
offenbarte sie mir hier in
Berlin, aber das Adolf,
musst du bestätigen.
ADOLF:
Ich würde bis ans Ende der
Welt gehen, um diese herauszufinden,
wenn ich sie schon nicht weiß.
ERNST:
In Ordnung, denn ich brauche
eine klare Antwort auf etwas.
War nicht bis gestern die Position
des stellvertretenden Chefs des „Geheimdienstes"
noch unbesetzt?
ADOLF:
Heinrich, hat dir demnach
die Gedanken eingenommen? Wahrlich,
ich sehe sein übles Schicksal über ihm schweben.
ERNST:
Adolf, bisher dachte ich
dass du der Erste unter den Gerechten bist.
Aber, wenn du beschließt, noch einmal abzuwägen,

wirst du sehen, wie eine richtige Gefahr
in den Schoß seines Wohltäters
und seines Schöpfers zurückeilt, das heißt, mein Lieber
– dir!
ADOLF:
Kann wirklich ein einziges falsches Urteil
eine zehnjährige, gemeinsame Anstrengung zerstören?
Sollte sich etwa der Samen der Zwietracht dauerhaft
hinterhältig in den Eichenwald schleichen?
Vergib mir, mein Bruder, vergib mir.
Hätte ich gewusst, dass vor lauter Arbeit
der Mensch solch hässliche Fehler macht,
hätte ich diese einem geringerem
Arbeiter überlassen.
HERMANN:
Ernst, mir kommt es auch ein wenig
seltsam vor, weshalb die Schlange sogar vor dem Ei
Angst hat.
ERNST:
Ich habe gesagt, was mir auf der Seele liegt.
Es soll nun kommen, was kommen muss.
ADOLF:
Mich hat diese Erkenntnis erschüttert.
Ich lasse ihn erwürgen so wie die Türken.
ERNST:
Ich wollte ganz ehrlich nicht,
dass dies zum Skandal wird.
/ADOLF geht hinaus./
ERNST:
/ruft nach ihm/
Ich wiederhole, soll jeder
deiner Schritte auf deinem Gewissen liegen.
Heil Hitler!
HERMANN:
Ernst, lang sollst du leben!
ERNST:
Was meinst du? Wozu dienen denn Freunde überhaupt?

HERMANN:
Du bist mir ein treuer Freund, aber
dass du mir heute geholfen hast,
damit gräbst du dir vielleicht das Grab eines
Landesverräters!
ERNST:
Wie meinst du das – weil ich dir geholfen habe?
HERMANN:
Da du mir einen mächtigen Gegner beiseitegeschafft
hast,
hast du in mir einen ewigen Unterstützer;
aber das, wozu ich neulich die Gelegenheit
hatte bestürzt zu hören,
bevor diese Kreatur Goebbels mich beim Lauschen
erwischte,
verspricht weder mir noch dir
einen ruhigen, langen Dienst beim Führer.
ERNST:
Aber warum? Bei dir ist es nachvollziehbar, aber ich?
Denn ich und er sind alte Freunde,
immerzu unzertrennliche Kameraden im Krieg.
HERMANN:
Das ist wahr, das ist wahr, aber höre das hier.
Ich habe damals noch ein Gespräch
hinter dieser Tür gehört.
ERNST:
In Ordnung. Aber was war es nun?
HERMANN:
Der Führer plant und hoffen wir,
dass sich sein Ärger
genau gegen diesen Hund Heinrich richten wird,
der, als er mir half die Brandstifter
ruhig und ohne Lärm zu finden,
vor seinem Tode wird er diesen ganzen Verdienst wie
eine Feder mir in die Hände fallen lassen;
Daher will der Führer jeden
beseitigen, der auch nur im geringsten
Angst hat und sich seinem Willen widersetzt.

ERNST:
Oh, du Unglücksrabe, das war aber ich!
HERMANN:
Aber mein Ernst, falle nicht sofort
in die Hysterie, die durch Angst verursacht wurde.
ERNST:
Du hast leicht reden Hermann,
da du bisher hinterlistig geschwiegen hast!
HERMANN:
Bevor du mich weiter beleidigst,
denk daran, dass du das zu demjenigen sagst,
der treu und ehrenhaft bis zum
Tod treu in deiner Schuld steht.
ERNST:
Bis zum Tod!?
Erfreut es dich, du Ausgeburt des Judas,
dass deine Schuld nur zwei Tage währt?
HERMANN:
Die Angst ist hässlich, und wie hässlich
ein verängstigter Mann auf andere wirkt!
Ich biete dir an, alle meine Schuld zu begleichen,
während du mich beschimpfst und erniedrigst!
ERNST:
Nun, ich sage es dir, mit meiner Ungeduld
hast du es geschafft, dass
die Wiedergutmachung zehnmal größer aussieht,
als die Schuld selbst! So sprich doch!
HERMANN:
Auch wenn ich es bedauere, dass du eine solche
Meinung
über mich hast, gehe ich in diesem Moment zur Sache
über:
mit einer, für dich kleinen Anstrengung, kannst du
die Dinge in Ordnung bringen und
mit Verdiensten für den ewigen Aufstieg
des Reichs und des Führers Mühe. Zusammen sind wir
dann
für immer untadelig im Dienst

des Führers, mit allen Ehren, die dazu gehören.
ERNST:
Sag nun – was muss getan werden!?
HERMANN:
Zu deinem Glück gibt es einen
größeren Schurken in den Augen des Führers.
Mit meinen eigenen Ohren habe ich den
Zorn unseres Führers gehört, provoziert durch diesen üblen
Trotz dieses landesverräterischen Hundes.
ERNST:
Den Namen! Sag den Namen!
HERMANN:
Dollfuss, der österreichische Bundeskanzler
ERNST:
Du bist verantwortlich für meinen illegalen
Übertritt der Grenze. Sollte ich
Probleme haben auf der Seite, werde ich dir,
nicht ihm, persönlich urteilen!
HERMANN:
So viel schulde ich dir, nehme ich an, noch von früher.
ERNST:
Die Welt wird niemals mehr einen schnelleren
und gerechteren Sturm der Rache sehen,
auch wenn die Menschen die kühnsten und klügsten
Taten bereits kennen.
Noch heute wird ihn die Rache treffen:
Im Opernhaus, auf der Straße oder im Bordell!
DUNKELHEIT.

SONG 03.
TITEL: SONG "BRANDENBURGISCHER KÖNIG"

*Der Brandenburgische König
befielt seinen Untertanen:
"Jeder Mensch hat sich arm
zu fühlen!"*

*Und all der Schatz des Herrschers
und jedes ertragreiche Jahr*

*und alles von was der Mensch träumt,
darf er niemals genießen.*

*Der Herrscher nimmt einen festen Standpunkt ein
und verkündet:
"Jeder muss einen
dauerhaften Kriegszustand akzeptieren!"*

*Wenn die Heimat verteidigt wird,
hat jeder den erstgeborenen Sohn zu opfern*

*und wer nicht das Land verteidigen will,
kann auch nicht in ihm begraben werden.*

*Der Brandenburgische König serviert seinem Volk
bittere Nahrung:
"Wer nicht knausert und spart, muss
irgendwie noch durchhalten!"*

*Die Kuh, das Schwein – alle singen!
Fische und das Geflügel – sie alle fliegen!*

*Als Kartoffeln, Lauch und Gräser
auf den Hintern fielen.*

SCHLOSS CHARLOTTENBURG
/HINDENBURG. ADOLF./

HINDENBURG:
Sie, Herr Kanzler, wissen sicherlich, dass es momentan die schwerste Periode für Deutschland ist. Wir sind unverschämten Erpressungen ausgesetzt, verpflichtet so zu handeln, wie die Franken es erwarten.
ADOLF:
Herr Präsident, ich bin der Gefahren bewusst.
HINDENBURG:
Sie wissen, dass nur die Einigkeit aus Deutschland wieder eine Weltmacht schaffen kann?
ADOLF:
Ich weiß es. Ich weiß das zu gut.
HINDENBURG:
Und Sie wissen, dass ich auf den Kanzlersitz einen, der bis gestern Gegner war, gebracht habe – Euch?
ADOLF:
Ich weiß es, Herr Präsident. Gott möge Euch die Rettung geben.
HINDENBURG:
Nicht aus Liebe, sondern aus Einigkeit.
Aber mir hat mein Kriegskamerad, und euer Nachkriegsfreund etwas erzählt, was mich erstaunt hat. In mir, kurz vor meinem Ableben, wird mein Gewissen durch einen Brief geweckt, welcher vor Euch warnt.
ADOLF:
Sie sind aus Stahl, und langlebig.
Gott behüte...
HINDENBURG:
Und er ist ein Held und ein großer Stratege.
ADOLF:
Ich wage zu behaupten, dass ein solcher Held

mir hinreichend ähnlich ist.
Mit Idioten, einfallsreich wie er ist,
kann er stundenlang über Musik und Ballett
diskutieren;
Im Gespräch mit Schwachköpfen,
sozusagen, spricht er treffend Themen an
wie Fußball oder Krieg.
HINDENBURG:
Wenn ich richtig verstehe, Herr Kanzler, bezeichnen Sie
die oberste Schicht der deutschen Gesellschaft
mit Schimpfwörtern,
ohne Scham, ohne Beweis oder wenigstens
Geschmack?
ADOLF:
Meine Worte sind wohlbegründet.
Denn der Mensch redet am liebsten
von Dingen, an denen er nicht teilhat,
von Dingen, die außerhalb seiner Reichweite liegen
die wie glühende Kometen an ihm vorüberziehen.
Er möchte nur beobachten;
Als wäre er eine Gottheit, die wacht.
Doch wenn die Dinge eine
zu ernste Wendung nehmen, versucht er,
mit seinem klugen und strengen Wort
eine harte Verurteilung einer vollendeten Tatsache,
aus dem Gedächtnis der andern zu tilgen
das süße Wesen der Handlung zu löschen
und die Welt in die entgegengesetzte Richtung zu
lenken –
in Richtung einer Gesellschaft ohne Besiegte,
eine, in der niemand siegreich ist.
Als ob es nur ein einziges mächtiges Wort wäre
das ein für allemal alle bisherigen
Worte vernichtet, oder besser gesagt – Taten.
HINDENBURG:
Dieser unwichtige Mensch, wenn ich nicht falsch liege?
ADOLF:
Ja, sie irren sich nicht, genauer dieser.

Leicht würde er allen unter die Haut gehen,
das Hinterteil auf den erträumten Thron niederlassen,
und ohne Notwendigkeit, ohne Scham
die Frucht der vergessenen Heldentaten ernten...
"Unrecht!" ist nicht das Wort des Verräters,
wenn es aus dem Mund desjenigen kommt,
der für das Recht selbst gekämpft hat.
HINDENBURG:
Aber nein, bei Gott,
Deutschland wird noch lange nicht
ein solches Unrecht, solch eine Erniedrigung sehen,
zu welchem die schwachen Völker neigen!
Zumindest so lange nicht,
solange das preußische Rittertum lebt!
ADOLF:
Und solange am Steuer des Fahrzeugs, zwar immer noch
überladen durch die unglaubliche Anzahl der Passagiere,
sich ein Mann wie Sie und ich befindet
und der jugendliche Geist des alten Ludendorff,
welchem all die Jahre und die Schwäche,
sowohl Zweifel als auch Misstrauen gebracht haben.
DUNKELHEIT.

DRITTER AKT

DER FLUR DES SCHLOSSES CHARLOTTENBURG
/Der SOLDAT wechselt die Gardinen am Fenster./
/von Links kommt LUDENDORFF herein./

LUDENDORFF:
Hier bin ich. Du hast alles gebracht, nicht wahr?
SOLDAT:
Wie Sie gesagt haben: Purpurfarbene Gardinen,
einen Lappen und Eimer mit Wasser, zwei Uniformen,
zwei neue Paare Soldatenstiefel.
LUDENDORFF:
Und das Messer? Wo ist das Messer?
SOLDAT:
Ich vergaß! Hier, ich gebe
Ihnen mein Schwert.
*/Der SOLDAT gibt sich Mühe das Schwert
herauszuziehen, das im Schutzmantel eingeklemmt ist./*
LUDENDORFF:
Er wird noch das Gespräch mit dem
Präsidenten beenden, bis die Engländer kommen!
/Der SOLDAT schneidet sich an der Handfläche.
LUDENDORFF:
Du Blödmann! Geh nun
und wasch das Blut von deinen Händen!
Das Schwert lasse hier; es passt für
blutverschmierte englische Hände, nicht für deine.
*/Der SOLDAT legt das Schwert auf den Boden und geht
nach rechts hinaus./*
*/LUDENDORFF geht nach links hinaus, kehrt dann
aber zurück./*
LUDENDORFF:
Sie sind nirgends!
/er schaut nach rechts/
Ich wusste es! Da ist der Schuft, wie er mit
dem Präsidenten geht. Es ist alles

verwirkt!
/LUDENDORFF versteckt sich hinter der Gardine./
/Von rechts kommen WINDSOR und MARLBOROUGH herein./
MARLBOROUGH:
Hal, ich fürchte mich! Schon so lange
irren wir durch diese Flure und haben
immer noch nicht die purpurfarbene Gardine erblickt.
WINDSOR:
Hier ist sie! Oh Gott, schau:
Blut und ein Schwert!
MARLBOROUGH:
Oh, was für ein Glück! Ein Deutscher wird also,
keine unvermeidbare Strafe verfehlen.
Lass uns von hier gehen!
WINDSOR:
Nein, Jack! Das ist überhaupt
nicht unsere Angelegenheit. Wir werden heute
Adolf töten! Das ist das einzige,
was uns nun betrifft!
MARLBOROUGH:
Was wenn er schon...
LUDENDORFF:
Nun, das seid ihr!
MARLBOROUGH:
Hinter dir, Hal! Irgendetwas
bewegt sich!
/MARLBOROUGH ersticht LUDENDORFF mit dem Schwert./
/WINDSOR schiebt die Gardine zur Seite und sieht LUDENDORFF tot./
WINDSOR:
Du dummer, betrunkener, armseliger Verräter!
MARLBOROUGH:
Ich schwöre dir; Hal, ich dachte, dass es...
WINDSOR:
Du Unglücksrabe, das war der Feldmarschall!
Was geht durch deinen Kopf, wenn die Hälfte

ihrer Herkunft vom Geschlecht stammt,
von dem der "Tiger" eins gesprochen hat,
und ich stimme mit den Franzosen völlig überein,
dass aus dem Zustand der reinen Barbarei, ohne
der üblichen Übergangszeit
der Zivilisation, sich leicht
in eine Gemeinschaft degenerierter Menschen
entwickelte!
MARLBOROUGH:
Töte mich mit diesem Schwert, aber sprich
nicht mehr über meine Mutter!
WINDSOR:
Ich werde dich auch töten, denn nur mit Blut
kann der sinnlose Weg bezahlt werden!
Aber putz' erst diese Sauerei auf,
beseitige die Leiche und dann hoffe darauf,
dass du sterben wirst wie ein Mann, denn
so glaube mir, du bist weder für das Leben
noch für die Arbeit geschaffen.
/MARLBOROUGH wickelt LUDENDORFF in die
purpurfarbene Gardine ein./
/Von Rechts kommt der SOLDAT herein./
SOLDAT:
Pst, Jungs! Ist schon
alles erledigt?
WINDSOR:
Ist es, Soldat, aber das ist noch nicht
alles.
SOLDAT:
Ziehen Sie sich um und ich werde alles andere
erledigen,
was erledigt werden muss.
Ist der Feldmarschall nun zufrieden?
WINDSOR:
Beruhigt wird der Feldmarschall von nun an sein.
/WINDSOR und MARLBOROUGH ziehen die
Uniformen an./
/Der SOLDAT wischt das Blut mit dem Lappen vom

Boden auf./
SOLDAT:
Was für ein Tag! Ich hoffe doch, der Feldmarschall
wird nicht so streng mein kleines
Ungeschick bei der Arbeit strafen, oder?
MARLBOROUGH:
Ich wette, er wird nicht mal mit den Wimpern zucken.
*/WINDSOR und MARLBOROUGH heben den
eingewickelten
LUDENDORFF hoch./*
SOLDAT:
Bitte sagen Sie, wenn Sie ihn treffen,
ein gutes Wort über seinen Soldaten.
WINDSOR:
Ich werde so lange zu ihm sprechen,
bis er unser Wort hören kann.
/WINDSOR und MARLBOROUGH laufen nach links./
SOLDAT:
Vielen Dank, ihr guten Leute. Richtet
allen Engländern meine guten Wünsche aus!
*/WINDSOR und MARLBOROUGH gehen hinaus,
während sie LUDENDORFF tragen.
Der SOLDAT hängt die alte Gardine auf./*
/Von rechts kommt ADOLF herein./
ADOLF:
Gut, sehr gut, Soldat!
SOLDAT:
Führer!? Leben Sie hoch! Ich habe damit nichts zu tun!
ADOLF:
Hast du. Ich bin zufrieden.
Der Präsident ist ruhig und du,
Soldat, hast einen höheren Rang!
DUNKELHEIT.

EDEN
/GOTT. HEILIGER PETRUS. CHERUB./

HEILIGER PETRUS:
Oh, sprich mit mir, mein Herrscher!
So bitte ich dich, sprich und verhindere
die Launen der Menschen!
CHERUB:
Sei beständig, Petrus, finde wieder
zu deinem Verstand und nicht dein altes Leiden.
HEILIGER PETRUS:
Weshalb sollte ich, Cherub, wenn ich
das Licht sehe, die Liebe
fühle, das Wort nicht hören?
CHERUB:
Nun, sprich mit mir, auch wenn ich
ein ewiger Zuhörer bin, so wie du auch.
HEILIGER PETRUS:
Du guter Engel, die ewige Liebe
herrscht über dich, das weiß ich. Aber dieser
Liebe bist du so zugewandt, wie
eben ein nur ein Engel zugewandt sein kann.
CHERUB:
Wenn du freudig bist, nehme ich deine Freude
wie die meine an.
Wenn du Petrus, aber wiederum in Trauer bist,
werde ich die Liebe sein, welcher der Schmerz verzeiht,
werde ich das Wort Gottes sein, welches Hoffnung
bringt
und die Luft, welche der Weite trotzt,
das Feuer, welches das Wort im Munde erweckt,
die Erde und das Wasser in deinen Knochen,
der Gedanke, den du zu denken wünschst
Petrus, ich werde genau das gleich sein, was auch du
bist.
HEILIGER PETRUS:
Alle Geheimnisse des Schöpfers kennen wir Zwei,
du Engel, aber nur

du kannst über den Zustand meines Geistes urteilen.
CHERUB:
Auch ich habe Ohren und ich will hören.
HEILIGER PETRUS:
Im himmlischen Körper bin ich ängstlich wie ein Mensch: als ich mit Rache das Böse angegangen bin, sagt Gott, ich sei dann schlecht?
CHERUB:
Das Gute gut lieben – das ist das alles dasselbe:
Das Böse schlecht zu lieben – ist ein geringerer Anspruch;
Das Gute schlecht zu lieben – bedeutet unaufrichtig zu sein,
Das Böse gut lieben – zum Spott geneigt sein;
Das Böse schlecht zu hassen – bedeutet seine hässliche Seite zu zeigen,
Das Gute gut zu hassen – mit schamlosen Stolz zu handeln;
Es ist also alles dasselbe – wie du siehst:
Das Gute schlecht zu hassen und das Böse gut zu hassen.
HEILIGER PETRUS:
/leise/
Bedeutet Schweigen die Verachtung meiner Tat oder ein geheimes Lächeln, das göttlich ist?
DUNKELHEIT.

MÜNCHENER BÜRGERBRÄUKELLER
/ADOLF. HEINRICH./

ADOLF:
Sie denken ich sei verrückt, also denke ich richtig.

HEINRICH:
Mein Führer, Sie sind hier der einzige,
der denkt und ich ertrage gerne alle Ihre
Wunderlichkeiten.
ADOLF:
Nein, deine Haltung schätze ich sehr.
Alles was ich aus deinen Händen erhalte,
kommt in die meinen. Und es ist die wahre Loyalität
und die fleißige Arbeit. Sollen die Worte,
eines solch denkenden Menschen,
in meinen Kampf etwa nicht vorkommen?
HEINRICH:
Für mich waren Rudolfs heilige Worte
eine enorme geistige Belastung gewesen;
Doch ich habe einige Schlüsse gezogen,
wenn Ihr nur noch einmal ein offenes Ohr für mich
hättet.
ADOLF:
Das Vertrauen in deine Gedanken
und die Gelassenheit, die sie einflößen,
schafft das starke Vertrauen, das ich in dich habe.
Doch bevor du den Namen aussprichst,
der die volle deutsche Einheit vereitelt,
und alle unsere Werte zum Fenster hinauswirft,
Sag mir, wer wird hier am meisten gefürchtet?
HEINRICH:
Ernst ist für viele hier der Teufel,
denn er hat die Angewohnheit zu sagen,
dass die Bayern die besten Kerle sind.
ADOLF:
Es ist gut, denn es bedeutet, dass sie Angst haben
vor einem von uns und zwar vor demjenigen,
welcher der Beste von uns ist und der
hier in München es geschafft hat,
die meisten Luxemburg-Anhänger zu erschlagen!
Aber der Staat ist nicht geschaffen, um
demjenigen überlassen zu werden, der in seiner Lüge
von den Menschen Gutmütigkeit und Dankbarkeit

erwartet,
in angeblichem Glauben an geneigte Menschen.
Ich höre dir zu. Sage mir deine Gedanken.
HEINRICH:
Ernst ist der größte Verräter, der Einzige.
ADOLF:
Das ist die Dankbarkeit!? Vertrauen macht
aus Menschen richtige Tiere, vom Diener
erschafft er einen Herrscher, der alles beherrscht
außer seinem Wort, wie auch gerade du?
Wäre es nicht nach allem natürlich zu sagen
"Hermann ist der Verräter!", und du damit ihm
all die Verschwörungen gegen dich vergelten kannst
und mit seinem Platz dich selbst erst!?
HEINRICH:
Ich sage das, was ich denke und meine
was ich sage.
ADOLF:
Wenn ich die Zeit zurückdrehen könnte, würde ich nach
einer Antwort suchen, ich würde versuchen, zu
verstehen -
Nun, da du weißt, dass der Mann mein Freund
und Verbündeter war - wen würdest du, Heinrich,
des Hochverrats beschuldigen?
HEINRICH:
Ernst Röhm, als Einzigen.
ADOLF:
Warum!? Wenn du von früher wusstest,
würde deine Zunge den guten Namen
nicht vergiften,
welcher sich niemals
gegen seinen Führer verschworen hat.
Wieso und aus welchem Grund
nennst du den loyalsten Mann einen Verräter?
HEINRICH:
Für die schwerste Strafe die schwersten
Beschuldigungen,
für die schwersten Beschuldigungen, die handfestesten

Beweise.
Ich bin der erste Soldat eures heiligen Dienstes,
von da geht der Verstand den rechten Weg.
Ich verteidige, noch an Eurer Seite, das Recht unserer Rasse.
Ich verherrliche Euer Ansehen in der weiten Welt.
Wenn ich mich beschäme, würde das auch bedeuteten, das ist bekannt,
dass ich Eurer Mühe einen großen Schaden zufüge.
Wenn ich die richtige Situation nicht richtig einschätze,
so mein Führer, soll sich die Schlinge um meinen Hals ziehen.
Aber während ich sterbe, wird Ihnen klar werden,
dass Ernst durch eine einzige, nicht im Zaum gehaltene Aktion,
den unpassenden Stimmen viel Böses hinzugefügt hat.
Stimmen, die das deutsche Volk besudeln.
ADOLF:
Eine einzige, nicht im Zaum gehaltene Aktion eines untadeligen Soldaten?
HEINRICH:
Er tötete Dollfuss, einen reinrassigen Deutschen.
DUNKELHEIT.

SONG 05.
TITEL: SONG "WOLF, WÖLFIN UND DER HASE"

Tiere können uns den Zustand zeigen, in dem wir uns befinden;
Und sowohl Wölfe als auch Hasen können ein klares Bild liefern.
Manchmal ist es wirklich besser, seine Haut zu retten als einen zu hohen Preis zu zahlen.
Solche Dinge passieren den Leuten immer wieder, weit und breit.
Wie zum Beispiel dem Wolf, einem Filmliebhaber, unserem alten Freund,
Besessen von einem Film, der von allen Seiten gelobt wurde.
Er nahm seine Wolfsdame an der Hand mit ins Kino.
"Das hier ist wirklich etwas Besonderes!" Seine Stimme zitterte und sank,
"Die ganze Welt ist verblüfft über das Können der Schauspieler!
Da kämpfen zwei Asiaten - um es auf den Punkt zu bringen - gegeneinander.
Und alles endet mit einem ausgewachsenen Overkill!"
"Ich verachte Gewalt!", äußerte sich die Dame verächtlich,
"Aber ich werde es versuchen, auch wenn es ziemlich unschön ist.
Und auch wenn ich meinen Magen knurren höre, während dieser Hase Snacks verkauft, all diese Samen und Körner."
"Geht es dir gut, Liebling? Dein Gesicht ist blass."
Der Wolf war besorgt, weil seine Liebste so zerbrechlich aussah,
Denn wir alle kennen die Gewohnheiten und die Vorstellungen der Wölfe
und dass sie sich nur von Fleisch ernähren.
Du verstehst mich nicht", sagte die Wölfin,

Sie presste die Worte über ihre blutroten Lippen hervor,
"Mein Magen und ich haben eine Abmachung getroffen,
dass der Hase für eine anständige Mahlzeit reicht!"
"Aber dies ist nicht unsere Wildnis, wo wir
unsere Beute in einem Gebüsch oder einem Loch
auflauern.
Hier ist der Metzger für das Schlachten zuständig,
Städte sind Domänen, die von Menschen beherrscht
werden!"
Die Wölfin wies alle seine Worte mit Leichtigkeit
zurück.
"Wenn die Liebe echt ist, gibt man sein Bestes, um zu
gefallen.
Man schämt sich nicht und zeigt, was man kann und
was man braucht, um ein echter Mann zu sein."
Der Hase hatte unterdessen ein seltsames Gefühl
Und da er eines seiner großen Ohren spitzte,
hörte er den Streit der Liebenden.
Vor dem Ende des Gesprächs,
hüpfte er träge davon und hinterließ
dem wölfischen Paar seine Ware,
verschwand in den Wäldern, wo er schwer zu finden ist
und so endet die Geschichte ohne sein Ableben.
Versuchen Sie sich vorzustellen, auch wenn es absurd
ist,
wenn das Temperament von Wölfinnen und Frauen das
gleiche wäre;
Dann wären alle Verbrechen, die in der Menschenwelt
begangen werden
Zeichen der Liebe und nicht Zeichen der Schande.

HÖHLE
/CHERUB. MARLBOROUGH klettert die Klippe hinunter./

MEPHISTOPHELES:
/draußen/
Wenn du mit allgemeiner Verachtung gestraft wirst,
und siehst, dass das Leben ein unwiederbringliches Übel ist,
wenn deine Gedanken woanders sind, während ein abscheuliches Verbrechen
das du begangen hast, deinen Ruf zerstört hat,
ist das das Zeichen deiner Liebe zu mir, wodurch sich meine Liebe dir offenbart.
Wenn du dann rachsüchtig bist und das wirst du sein, durstig,
erlaube deinem Zorn gerecht zu urteilen,
lehne die freundschaftliche Hilfe nicht ab,
stoße die Hand nicht weg, die dir Perlen anbietet,
werfe eine Münze in den Brunnen aller Wünsche
und erwecke die kühnsten Träume.
Komm in mein Haus – die Höhle, hier
wo wir dich mit großer Ungeduld erwarten.
/MARLBOROUGH ist am Grund der Höhle./
HEKUBA:
Du Glückspilz, einer von der Sorte
Auf die die Stimmen des Himmels hören können,
Wir möchten nur
die Art deines Wunsches erfragen.
MARLBOROUGH:
Wer seid ihr? Und welche Stimme führt mich hierher,
die mich nun vorwärts drängt?
HEKUBA:
Das ist deine innere Stimme; sie ist nicht von außen oder
etwas, das du nie zuvor hattest.
Sie hat dich am Abend gebracht, verletzt und mit Schmerzen,

damit du am Morgen wieder ganz bist;
Um zu erkennen, ob du geheilt werden willst –
Deshalb ist deine Stimme immer noch etwas vage.
MARLBOROUGH:
Ich bin traurig und niedergeschlagen wegen
einer eher banalen Beleidigung.
Ich will mich nicht rächen, obwohl ich mich
durch das Lob, das ich erhielt, geehrt fühle.
HEKUBA:
Hast du gerade beschlossen, die Beleidigung
des Namens deiner Mutter als klein zu benennen?
Ziehst du Regenstürme vor, die dich umhauen
oder die Meere und Ozeane, die ruhig sind?
MARLBOROUGH:
Das ist Wahr; aber ich möchte erfahren, wer Sie sind
und was Sie im Gegenzug erwarten?
HEKUBA:
Du giltst als so ein undankbares Geschöpf,
weil du wählst zu Fragen, wenn du Fordern könntest.
Such nicht den Grund, dein Ziel sollst du suchen.
MARLBOROUGH:
Möge mein lieber Windsor eine Frau finden
Und mögen sie zusammen viele Söhne haben
(Wenn das der Grund für all mein Leid ist).
Und ich hoffe sehr, dass all die Jungen
Bis in die Zehenspitzen mir ähneln!
HEKUBA:
So soll es sein.
MARLBOROUGH:
Ich erinnere mich jetzt! Genau das war es,
was mich in Wut hierher geführt hatte!
Ich möchte das sehen, aber nun
möchte ich noch viel mehr wissen – wann und wie?
HEKUBA:
Du wirst bald merken, dass die Wirkung einsetzt,
Wenn eine weitere Bedingung erfüllt ist:
Die tiefe, leitende Stimme, unter ihrem Atem,
fordert dich auf, jemanden in den Tod zu schicken.

MARLBOROUGH:
Sag mir nun wo er sich befindet,
denn ich werde ihn töten, sobald mein Auge ihn
erblickt.
HEKUBA:
Frag nicht weiter, die Stimme wird dich leiten
und deine Hand wird den Augenblick nicht verpassen.
DUNKELHEIT.

VIERTER AKT

MÜNCHENER BÜRGERBRÄUKELLER
/ERNST. HERMANN./

ERNST:
Was machst du denn hier?
HERMANN:
Ich bin allein gekommen. Möchtest du,
dass ich gehe?
ERNST:
Ich bestehe nicht darauf.
HERMANN:
Aber was ist denn? Wieso bist du immer noch
so mürrisch? Bist nicht du, Ernst,
genau derjenige, der den Verräter
persönlich abgepasst und über seinen
Verrat geurteilt hat?
ERNST:
Für all meine ständigen
Kriegsschauplätze auf der Straße, denn das Glück
selbst wollte mich bisher immer begleiten,
und für all meine verrückten, kühnen Taten,
wer wird mir jemals eine Belohnung bieten?
HERMANN:
Ha! Du unterschätzt die Informierten.
Informierte wie ich einer bin! Der
Führer persönlich rief dich hierher, um dir,
mein Freund, eine Ehre zu erweisen.
ERNST:
Ach, Angst habe ich davor. Wo auf der Welt
werden Preise in Bierhallen vergeben?
HERMANN:
Nirgends in Deutschland gibt es einen größeren
Ort der Tradition. Denn, unser Führer wird es nicht
zulassen, dass der
heilige Ort unseres Aufstands in Vergessenheit gerät.
Und damit

wird auch dein Name erwähnt!
ERNST:
Da wo alles begann, wartet nur noch
das glückliche Ende irgendeines Märchens.
HERMANN:
Rede nicht so und suche keine Fehler.
Heldenhaft ist das keinesfalls, sondern
feige ist der Mut, der sich nicht selbst bestärken
kann, während er die Dunkelheit erhellt. Du hast nicht,
mein Lieber an das dunkle Schicksal gedacht,
als du im Kampf über die Leichen
deiner Freunde getrampelt hast! Soll etwa einer Angst
haben, wegen dem die Kriegsgefahr
nicht mehr besteht?
ERNST:
Das ist wahrlich so! Jeder soll erfüllt sein
mit Furcht, wenn den Worten keine Taten folgen. Nun
gut,
ich will jetzt einfordern, was mir zusteht.
HERMANN:
Und das Böse soll mit Bösem
abgegolten werden!
*/ADOLF kommt herein und zielt mit der Pistole auf
ERNST./*
ADOLF:
/zu Ernst/
Du bist verhaftet, du, Schuft!
*/MARLBOROUGH schießt aus der Entfernung. ERNST,
getroffen, fällt./*
ADOLF:
Wer tat das!?
/ADOLF, wütend, geht schnell hinaus./
HERMANN:
Denk an Ernst und eile nach Berlin,
solange dein Kopf noch auf den Schultern ist!
DUNKELHEIT.

HÖHLE
/HEKUBA. WINDSOR klettert die Klippe hinunter./

WINDSOR:
Oh, höllischer Diener mit verräterischem Plan,
ich gebe dir mein Wort, dass du der Erste in der Reihe sein wirst,
denn du hast mit einer äußerst obszönen Tat
auf einer Freundschaft herumgetrampelt, die vollkommen rein war;
Du wirst der Erste unter den Ersten sein, dessen irdische Gestalt
Als ein Festmahl für Würmer angeboten und aufgetischt werden wird!
Du dachtest, du wärst so schnell wie alle, aber du wirst sehen,
schneller ist der, den Jack für einen Narren hält.
/WINDSOR ist auf dem Grund der Höhle./
WINDSOR:
Ich bin hier, Jack, aber zeig dich nun wo du bist?
HEKUBA:
Wecke mich nicht, du bösartiger Besucher.
WINDSOR:
Wie soll ich Worte finden, um all die
strahlende Schönheit zu beschreiben? So eine schöne Frau
habe ich auf der ganzen Welt noch nicht gesehen.
HEKUBA:
Ach, überspringe das. Sag mir besser,
was für Ärger hat dich hierhergebracht?
WINDSOR:
Ich kann mich nicht erinnern.
Im Moment denke ich nur an deine Schönheit.
Bevor ich vergaß
warum ich hierher kam, bin ich sicher, ich hatte
ein klares Ziel, das mich vorwärts lockte.
Ich weiß nicht, warum, aber ich weiß
zu wem ich in meinem sinnlosen Streben gekommen

bin.
HEKUBA:
Zu mir. Wer schickt dich und welches Ende
versprach er dir damals für deine Reise?
WINDSOR:
Ich erinnere mich! Er versprach mir alle
Schätze der Welt; das ist, was er sagte:
"Von allen Orten muss sie genau dort sein.
Niemand kann den Mond deutlicher spüren
als das Meer, das an Land rauscht und dann zurück.
So wie der Dampf immer geradewegs auf den Himmel zusteuert,
Höhlen sind der Ort, wo alle Honigliebhaber liegen,
Während das Schwarz von einem freien Geist umarmt wird.
Und hier an deiner Seite, oh Kaiserin des Willens,
werde auch ich die Köstlichkeit des Honigs kosten."
Das, oh wunderschöne Dame, muss deine Rolle sein!
HEKUBA:
Ich bin zurückgewiesen worden und von allen verachtet.
WINDSOR:
Und doch eine so reife Frau! Von der Art
die nur wir Junggesellen suchen und finden.
Es ist eine Frage des Zufalls, aber vielleicht
ist das Glück einer Frau und eines Mannes
In greifbarer Nähe, meine Dame.
/HERMANN, ADOLF, HEINRICH UND JOSEPH
klettern die Klippe hinunter./
HEKUBA:
Nun gut. Bei allem Verlangen, was
kann ich, eine Frau, noch sagen.
Widersetzen möchte ich mich deswegen nicht,
da du mich an jemanden erinnerst, den ich einst sehr liebte.
Das Schlafgemach erwartet uns mit blitzblankem Laken.

WINDSOR:
Eine himmlische Ehre für einen
einfachen Mann!
/HEKUBA und WINDSOR gehen hinaus./
*/HERMANN, ADOLF, HEINRICH und JOSEPH sind
auf dem Boden der Höhle./*
HERMANN:
Wenn Gott Liebe ist?
ALLE:
Würden wir uns nicht lieben.
ADOLF:
Wenn Gott das Wort ist?
ALLE:
Wir nutzen ihn.
HEINRICH:
Wenn Gott das Licht ist?
ALLE:
Werden wir alle schwarz durch ihn.
Wir sind für uns selbst verantwortlich,
Es gibt kein Zurück mehr!
JOSEPH:
Wenn Gott ein Zustand ist?
ALLE:
Sind wir fleißige Menschen.
HERMANN:
Wenn er ein Ereignis ist?
ALLE:
So bleiben wir ganz still.
ADOLF:
Wenn Gott Stahl ist?
ALLE:
Baumwolle werden wir sein.
HEINRICH:
Wenn er Luft ist?
ALLE:
Dann sind wir die Erde.
JOSEPH:
Wenn Gott ein Laster ist?

ALLE:
Dann sind wir tugendhaft.
HERMANN:
Wenn Gott Feuer ist?
ALLE:
Dann sind wir Wasser.
ADOLF:
Wenn Gott der Fleiß ist?
ALLE:
Sind wir alle faul und bequem.
HEINRICH:
Wenn Gott Böse ist?
ALLE:
Kommen wir mit Güte nach.
JOSEPH:
Wenn er Beharrlichkeit ist?
ALLE:
Dann geben wir nach.
HERMANN:
Wenn Gott Faulheit ist?
ALLE:
Sind wir zur Arbeit bereit.
ADOLF:
Wenn Gott ein Geheimnis ist?
ALLE:
Sind wir die freudige Nachricht.
HEINRICH:
Wenn Gott Ohnmacht ist?
ALLE:
Dann sind wir das Bewusstsein.
ADOLF:
Fangen wir an!
HEINRICH:
Ite, missa est.
DUNKELHEIT.

SONG 04.
TITEL: SONG "DIE GAGLOWISCHE ENTE"

Ein gewisser Kaufmann aus Jänschwalde
hat neulich eine Ente gekauft
und jetzt ist er auf dem Gaglow-Platz,
wo er sein Glück versuchen will.

Endlich kommt er auf dem Platz an,
kurzatmig, in den Händen
die gefesselte Ente,
die zum Verkauf bereit ist.

Diese Ente legt große Goldklumpen;
Diese Ente pflanzt mannigfaltige Blumen;
Diese Ente hat Keller voller Wein;
Diese Ente macht aus Fäden starke Schnüre;
Diese Ente spricht in türkischer Sprache;
Diese Ente kann sich so lange putzen und striegeln;
Diese Ente geht auf die Jagd;
Diese Ente singt ein Loblied auf den Herrn;
Diese Ente baut Erz ab und fördert es;
Diese Ente erntet Kartoffeln und vieles mehr;
Diese Ente liest Märchen, so wahr;
Diese Ente kämmt ihr Haar ordentlich und glatt.

Seine Augen, bis dahin auf
auf den Himmel fixiert, fallen auf den Boden,
als er mit Entsetzen merkt, dass die
Ente nirgends zu finden ist.

Inmitten der versammelten Einheimischen
Alle gleichermaßen verblüfft,
tritt ein Gaglow-Kerl entschlossen auf
und fährt fort zu sprechen:

Wenn diese Ente ihr Haar ordentlich und glatt kämmt;
Wenn diese Ente Märchen liest, so wahr;

Wenn diese Ente Kartoffeln erntet und vieles mehr;
Wenn diese Ente Erze abbaut und fördert;
Wenn die Ente dem Herrn ein Loblied singt;
Wenn diese Ente auf die Jagd geht;
Wenn diese Ente sich so lange putzen und räkeln kann;
Wenn diese Ente in türkischer Sprache spricht;
Wenn diese Ente Fäden zu starken Schnüren webt;
Wenn diese Ente Keller voller Wein hat;
Wenn diese Ente viele Blumen pflanzt;
Wenn diese Ente große Goldklumpen legt –

Ist es dann ein Wunder, dass sie sich irgendwann
von ihren Fesseln befreit?

SCHLOSS CHARLOTTENBURG
/HINDENBURG *liegt im Bett. Der ARZT gibt ihm eine Spritze.*/
/*ADOLF kommt herein.*/

ADOLF:
/*zum ARZT*/
Wie ist heute das Wetter, wie ist die Vorhersage?
ARZT:
Die Meteorologen tun alles, was sie können. Auch wenn die Taube noch Flügel hat, ist der Flug nicht im Himmel, sondern sie schwimmt im Dreck.
HINDENBURG:
/*Er steht auf*/
Kanzler! Bitte, kommen Sie näher.
ARZT:
/*zu HINDENBURG*/
Es ist gefährlich, dass der Präsident sich erhebt.
HINDENBURG:
Ein Soldat liegt niemals vor einem anderen Soldaten!
/*er taumelte*/
/*ADOLF und der ARZT lassen HINDENBURG ins Bett hinunter.*/
HINDENBURG:
/*zum ARZT*/
Dann verschwinde!
ADOLF:
/*zum ARZT, leise*/
Während Sie es bis zum Rand füllen!
/*Der ARZT geht hinaus.*/
ADOLF:
Seid beruhigt. Sie werden sich schon besser fühlen.
HINDENBURG:
Wie kann ich nur still sein,

So im Bett liegen, krank,
Und alt, während das Vaterland
Am Rande des Abgrunds steht!?
ADOLF:
Die Lage ist im Grunde viel besser,
auch wenn sie von außen schlimm wirkt.
HINDENBURG:
Wenn Gott mir ein weiteres Jahr geben würde
Um meine Mission zu ihrem natürlichen Ende zu führen
oder zumindest bis mein
Mandat zu Ende ist. Aber, nein.
Der liebe Gott wird mich heute holen.
Und Deutschland wird versklavt werden,
von Europa selbst und seinen eigenen Sorgen
bis, wie durch ein Wunder, ein so tapferer Soldat,
ein größerer Deutscher als ich, geboren wird
und sein Leben dem Kampf für die Freiheit widmet.
Oder bis nicht Sie, Herr Kanzler,
nicht das goldene Zepter des Geschlechts Hohenzollern nehmen
und mit der glänzenden Krone ihre Stirn bedecken,
aber auch freudig die Waffen bereithalten.
ADOLF:
Der erste werde ich unter den Kriegern sein.
Solange noch ein einziger deutscher Tropfen Blut
in meinen Adern fließt, werde ich nicht fallen können und
nie in Versuchung kommen, aufzugeben.
/Der ARZT kommt herein. Er spritzt die Injektion
HINDENBURG direkt ein, welcher nicht reagiert./
HINDENBURG:
Ja, mein Sohn, aber du solltest in der Tat
jeder bösen Tat das Gute gegenüberstellen,
denn böse Zungen werden dich verfolgen
Die darauf warten, dass deine Pläne scheitern.
ADOLF:
Über unsere Schwächen haben viele

geschrieben, die einen Füller halten
können.
HINDENBURG:
Ich hoffe nur, dass diejenigen die schreiben,
dich nicht auf deinem Weg hindern.
Oh, was ein Feuer an einem Tag vollbringen kann.
Gott möge dir ein langes Leben schenken, Führer und...
/HINDENBURG stirbt./
ADOLF:
Amen!
DUNKELHEIT.

SCHLOSS CHARLOTTENBURG
/GOTT. MEPHISTOPHELES./

MEPHISTOPHELES:
Genug mit dem Geplänkel über das Schlachten – töte!
Wenn du nicht tötest – wirst du getötet werden!
Töte, du, der behauptet, nie getötet zu haben;
oder du, der um deine erschlagenen Verwandten
weinst!
Ob du tötest oder nicht, du hast getötet: eine Fliege
oder die ganze Welt, es ist alles dasselbe.
Hier kannst du mit dem Schlachten beginnen!
Du weißt, wo du töten sollst, also – mach dich auf den
Weg!
Die Stimmen derer, die nicht ganz erschlagen wurden,
sind am lautesten...
Sie sprechen klarer und düsterer
als die, die bis Ende erschlagen wurden.
Noch lauter sind die, die noch nie
ein Gemetzel erlebt haben!
Ihre Berichte sind erschreckender
als die der tatsächlich Erschlagenen!
Sei also nicht nachlässig – töte mit aller Kraft;
Sei nicht zaghaft – wenn du schlachtest, dann richtig.
Töten ist nicht nur eine vorübergehende Marotte.

Töten rächt das Töten, ein Gemetzel
ist die Art, wie man die Schuld begleicht.
Also – schlachte, damit es weniger Gemetzel gibt,
Schlachte, damit es weniger Hände gibt, die
schlachten,
Und weniger Kehlen, die uns durch Schlachten töten
wollen,
die erschlagen haben und erschlagen wurden,
Damit es weniger von uns gibt...

MEPHISTOPHELES:
Wo ist nun euer Gott, der dieses Gedicht
mysteriös komponierte? Wo ist er?
Warum ist er zurückhaltend? Warum spricht er nicht,
so dass seine Sprache deutlich zu hören ist?
Ist er auf meiner Seite oder auf eure?
Ihr regiert die Welt, wessen Wort
Wer entscheidet, dass ich euch von ihm befreie?
Ist der Herr in der ersten Reihe
stimmt er mir nur aus einer Laune heraus zu,
während derjenige, der bereit ist, Loyalität zu zeigen
zeigt, dass er nur dumm ist?
Ist der Mensch ein Tier, wie ein Säugling?
Hat nicht jede Seele einen Sinn für Stolz?
Sollte Gottes Antlitz nun durch und durch offenbart
werden?
Der Herr ist niemals still und weit entfernt
Wenn derjenige, der zuhören sollte, es vorzieht, sich zu
verstecken.
Ich bin euer Gott – "Wahrlich, ich sage euch!"
Die Frage ist – bist du fähig, mit dem
Wissen umzugehen, das du zu offenbaren suchst:
Wird die Rache von einem Menschen allein ausgeübt,
oder fordert die göttliche Rache das Ihrige?
GOTT:
Hüte deine Zunge, du Drache!
Was ich mit dir muss, kann ich ohne dich nicht.
Bedanke dich einmal für die Liebe bei Gott.

(Zahm vermagst du nicht zu sein, das weißt du)!
MEPHISTOPHELES:
Danke Dir, danke; ich bin der einzig
Glückliche, der die Luft einzuatmen vermag!
Aber nicht zu scherzen, vermag ich nicht.
Du bist der Einzige, der weiß, wieso ich so geworden bin.
Ich erfreue mich an der Sonne, die du mit deiner edlen, sanften Hand so gelb erschaffen hast!
Wer Dich nicht liebt, wie kann er dann überhaupt,
von einem erbärmlichen Wesen wie mir Kenntnis nehmen?
GOTT:
Engel, das ist genug. Sprich nicht weiter.
Mich dürstet nicht nach solchem Lob,
Aber für einen Mann, der so reden kann
(Ja, er soll immer so reden),
kann er die Liebe durch mich finden.
Indem ich mich so gebe, lebe ich ewig.
MEPHISTOPHELES:
Trotzdem, Heiliger Vater, seid Ihr nicht verwundert,
dass Dich die Menschen vor den menschlichen Blicken verstecken.
GOTT:
Du kennst Petrus. Der Stolz erlaubt es ihm nicht,
ohne mich zu sein. Sogar im Traum schaut er mir zu,
so kann ich nur hier auf Erden
das sagen, was Gott von einem Menschen erwartet.
Denkst du, ich bin grausam?
MEPHISTOPHELES:
"Dem Fleisch steht der Verstand" Aber – das muss man.
GOTT:
Ich habe keine Wahl. Vor langer Zeit beschloss ich
das Gesetz, aber die Menschen
haben sich dazu entschlossen,
ihr Leben mit
der Analyse, mit Tests, den Noten – dem Chaos zu verbringen!

Du warst fleißig, nun ist es Zeit,
dass ich mich dir, Diener, auf himmlischem Wege
erkenntlich zeige.
MEPHISTOPHELES:
Und dir zu dienen, hat mich nie gestört.
Auch nicht, wenn ich einer Kreatur die
Nacht auf Erden verlängern konnte,
noch jetzt, wenn ich sie zum Ende bringen sollte,
finde ich keinen Grund zum Bedauern.
Ich fühle nur Freude! Durch deine
Vorsehung hast du mich genau richtig gemacht.
Ich bin kein Mensch, dass es anders wäre...
GOTT:
Aber der Mensch ist nicht, auch wenn er seines
Schicksals
Meister ist, der Schöpfer seines eigenen
Lebens.
MEPHISTOPHELES:
Aber der Usurpator, wie der Mensch sich nennt,
kann alle Herrlichkeiten genießen.
GOTT:
Er kann, aber er muss nicht.
MEPHISTOPHELES:
Diese Worte von Dir liebe ich außerordentlich!
GOTT:
Und es existiert ihm nichts ähnliches.

MEPHISTOPHELES:
Von dieser Liebe von dir, wusste ich schon längst.
GOTT:
Sie wollten die Freiheit! Ich gab ihnen
die Möglichkeit zu suchen, zu wünschen und zu
bekommen.
MEPHISTOPHELES:
Und so hast Du eine menschenähnliche Schlange
geschaffen.
GOTT:
Du bist nicht einzigartig. Der Mensch hat die

Eigenschaft
zu übel zu beleidigen und beleidigt zu werden,
sich zu verstellen, weise und dumm zu schweigen,
um sich wie Gott zu rächen oder wie der Teufel selbst.
MEPHISTOPHELES:
Wenn der Mensch so eine böse Kreatur ist
dass den Teufel zum Zittern bringen kann,
Was sind dann die menschlichen Züge, die
Güte in dieser Welt bringen?
GOTT:
Die Menschen schütteln gerne an diesem Baum,
wenn sie sich nach seinen Früchten sehnen. Aber sie wissen nicht,
dass ihr Apfel schon vor langer Zeit gegessen wurde.
Ihr Essen ist nur ein Ersatz für Nahrung.
MEPHISTOPHELES:
Warum hältst du es für eine Notwendigkeit,
die Menschheit für das Gute leiden zu lassen?
GOTT:
So ist nun ihr Schicksal.
Es ist die Zeit gekommen und dass ist alles, was ich weiß,
wo Petrus selbst wählen muss, welcher Weg
eingeschlagen werden soll.
MEPHISTOPHELES:
Das ist die gesamte irdische Geschichte;
Der menschliche Geist hat nur ein Geheimnis –
Das Grübeln über die Feinheiten
Zwischen befreit sein und frei sein!
GOTT:
Oder hatte der große Philosoph Recht, als er
darauf hingewiesen hat, dass durch die Lethe immer
neues Wasser fließt?
MEPHISTOPHELES:
Und das Einzige, was mit Sicherheit wahr ist,
ist dass dies nur unser Wochenrückblick ist,
dessen Zauber in der Regel zu deinen Gunsten ausfällt.

GOTT:
Und eine offensichtliche Lüge. Und Worte,
Worte, ach, Worte, die geäußert werden
von einem Narren.
DUNKELHEIT.

SONG 06.
TITEL: SONG "DIE MÜTZEN VON RADDUSCH"

Es ist ein so seltsamer Brauch
den wir zu Hause haben,
so seltsame Gewänder tragen alle Frauen,
wenn sie durch den Schlamm waten!

Unter ihren Mützen, mit so breiten Rändern,
wird das Haar der Frauen getragen
So, dass man denkt
sie haben keine Ohren, sondern Hörner!

Es ist ein so seltsamer Brauch
den wir zu Hause haben,
so seltsame Gewänder tragen alle Frauen,
wenn sie durch den Schlamm waten!

Oh, die lustigen Weiber von Raddusch,
eure Mützen müssen wir uns leihen,
um die Hörner zu verbergen, die ihr
uns habt wachsen lassen!

Es ist ein so seltsamer Brauch
den wir zu Hause haben,
so seltsame Gewänder tragen alle Frauen,
wenn sie durch den Schlamm waten!

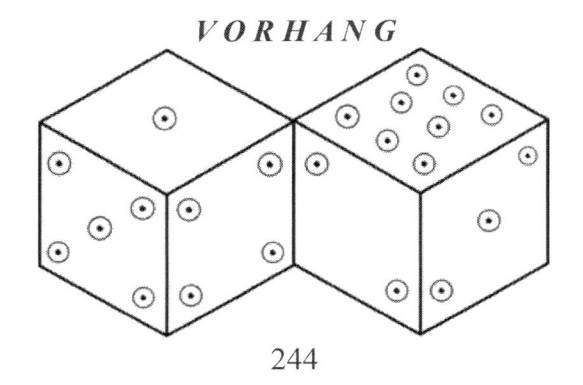

VORHANG